宇宙間慈悲的力量 感謝這一刻
全宇宙都在幫助我。
每一件事 每一個人 每一樣東西
都是另一個我，
在幫助這一刻的我覺醒。

都……可以，就是大覺醒

開啓你的量子智慧，打破肉身局限，
踏入大開悟的華嚴世界

Making Anything Go is an Ultimate Realization

傳　訊　者＿＿＿＿＿章成、M·FAN

目次

〈自序〉

一切都是最好的安排嗎？只有跟著心走時，才是

「無論是誰，你的生命藍圖，都是個偉大的計畫。」

這句話說不定你已經聽過好幾次了，但那是真的嗎？有多偉大？要怎麼體驗這個偉大？

請容我分享我自己找到的答案，但這需要先敘述我人生中，三件很奇怪的，一直暗暗困擾著我的事情。

從小，我就喜歡看天上的星星，但我一直有一個疑惑：既然我能夠看得到，為什麼沒有辦法上去呢？稍長之後，學到了天文和物理知識，「科學上」當然知道為什麼了，但即使到了二、三十歲，當我望著夜空裡的星星時，內心竟仍然會固執地升起同樣的疑問：「為什麼我會到不了那裡呢？」後來我認真的反芻自己這種奇妙的思想，終於翻譯出了它真正的感覺。原來在我的內心深處，一直有一個無法被理性說服的部分是這麼認為的：

「我能夠看到的地方，照理說我就應該到得了。」我不明白為什麼它會這樣認為？當我看著星星時，那個內在小孩總會呼喊：「為什麼我會被困住？我應該要去就能夠去啊！」我對內在的這份「無法接受」真是徹底無言了，因為就算有這樣的渴望，又要叫我怎麼做呢？

第二件事是發生在接近三十歲那年，在我第一次參加某個心靈成長工作坊的時候。當時老師才引導不到五分鐘，我就毫無徵兆地在其中崩潰了，我本來是一個很善於用語言表達自己感覺的人，可是當時心中湧現的感受卻難以言喻。幾分鐘後，字句突然自己脫口而出，我竟然對著滿堂的學員喊著：「為什麼我們是陌生人？」整個人也淚水潰堤，這無由的錐心之痛，讓我驚訝地知覺到，即使我活得這麼大了，在我的內心深處，仍然完全無法接受這個「出門必須帶著一串鑰匙，防備著他人」的日常生活；原來我的內心深藏著一份「每個人應該都是兄弟姊妹」的愛，可是在此之前自己壓根不知道。然而，發覺到這個壓抑在心中極大的愛，又能怎樣呢？地球人類的生活從古至今就是如此，我又能如何？

第三件，是我第一次去聆聽一場禪修講學的事，當時一位同事知道我很喜愛心靈方面的閱讀和探索，就介紹我去參加。那天大約有十幾個人，有很多人應該是常來，跟老師已經熟識了，所以整場講學，討論氣氛熱烈，大家不斷地就「開悟」這個主題與老師一來一往地對話著。可是我在一旁愈聽，卻愈坐不住，那種「很不能接受」的感覺又出現了，這不是針對任何人，而是針對生命的本身。隨著在場的人愈認真投入地討論，我的反彈感就愈強烈，到後來終於忍不住了，我舉起手來。

「這位同學是新面孔，你第一次來吧？好的，你有什麼問題？」老師說。

「不好意思，今天大家一直在討論怎麼樣去開悟，可是我實在無法接受一件事：為什麼我們會先是『不開悟的』，然後才要去『開悟』呢？」說完，我發現周遭的人一片沉默。

這三個無解的疑問，雖然我所身處的世界覺得無關緊要，甚至覺得荒謬可笑，但糟糕的是，我卻發現，如果真誠地面對自己，便只有這三件事是我最渴望破解的生命謎題，可是連怎麼開始去進行，我都完全不知！而父母、學校、公司、社會，期待的只是我能適切地融入周遭，跟隨著現實運轉。大家都說，光是養活自己，就要付出很大的力氣，應該務實計畫，早做努力，將來才能夠有所安頓。我內心渴望解開的謎題，相形之下顯得非常虛幻。

「但如果內心會有某種渴望，生命就應該會有那個出口才對呀！」我聽到我的心在吶喊，可是我的頭腦斬釘截鐵地回答我：「星星怎麼任你遨遊？太空人都只上了月球；人類社會已經幾千幾萬年過著互相爭戰的生活，你能改變？現在你不就是個正在煩惱的沒開悟的眾生嗎？不然你是誰？」我掙扎著，我看到自己內在被吸引去問的問題，都沒有答案，最後我妥協了。我對自己說：好吧，面對現實生活吧！

但我留了一個底線給自己：至少我不做自己不喜歡的事情養活自己，如果不行，我寧肯死。這是我的底線了，別叫我再妥協。

只是，「我不喜歡的事」還真多，我不喜歡競賽、不喜歡奉承、不喜歡屈服於恐懼，不喜歡做沒有熱情、沒有愛、感覺不到意義的工作……依然沒有一樣跟所謂的「現實考量」有關，甚至好像背道而馳。可是如果這些事情我再妥協，我就不知道我活著還有什麼意義？我不知道上天幹嘛多此一舉給我這條命，因為地球人口已經夠多，不差我一個，這是很顯然的事實。

當時，我不知道這就叫做「跟著『心』走」，我不知道其實我做了一件靈魂來這個世界上最重要、且最需要堅持的事，而這將會讓一切都悄然改變，變成是「最好的安排」。

多年來，我的心真的引導著我，不知不覺地走出了一條為自己量身訂做的生涯道路，我很驚訝地發現到，我確實創造了一種最適合於自己特質的豐盛方式——無論在金錢、工作、關係……生活的各面向上。我的心以頭腦完全無法想像與規畫的方式進行著這樣的發展，讓不成熟的自我透過這個歷程層層剝落，逐漸綻放出我渴望擁有的人格特質、心境與能力，同時也在我的外在生活上創造出實際的豐盛。然而，這些都還不是最重要的收穫，更不可思議的恩典居然還在後面等著我。今年，當我與M接收到這本書的訊息時，我看到一個令我無比震撼的景象：我人生中那三件深埋心底的無解公案，竟真的與那個「偉大的出口」相遇了。

二〇一四年十一月下旬，我和M前往京都旅行，高靈按照了先前的預示註，在京都的四個能量點傳遞了本書的訊息。然而這次訊息的傳遞方式卻與從前不同，我與M隨著訊息的內容，被拉升到同等級的意識視野中；有一些時刻，我們幾乎是處在隨時可以脫離肉身、化光而去的大開悟狀態。於是傳遞本書的訊息的同時，高靈也為我們打開了通向「無限之門」的出口，讓我終於知道遨遊星際、打破時空、打破生死限制確實是可以的；並且，原來多年來進行「樸素禪修」的我，其實一直在恢復且運用這個能力而不自知。這本書的訊息所帶來的視野，還幫助我穿越頭腦的幻象，看見這必須帶著鑰匙的紅塵生活，當體已經具足圓滿的大愛，娑婆即是淨土；而我的真實身分，當然不在是渺小中等待開悟的人，而是比感官宇宙更宏偉的無限。

於是，我的人生三公案，至此已然破解！此時反觀我的人生歷程——在四十九歲之前充滿酸甜苦辣的種種際遇，它根本就是被宇宙間慈悲的力量所帶領的一趟開悟之旅。因著這趟「超越恐懼，選擇愛」的人生試煉，我才能在今日，擁有足夠的心量而能承擔起高靈在本書所給予的大開示，我終於看出自己的人生就是一幅莊嚴瑰麗的西藏唐卡，而一切際遇都是唐卡上的菩薩與諸佛。

現在我清楚了，為什麼跟著心走，一切都會變成「安排」？而且會是「最好的安排」？其實每個人都有靈魂深處最渴望完成的願望，所以才會來到這個世界上投生，雖然你那個「會說話的頭腦」把它遺忘了，但「不會說話的心」卻仍是記得的。那麼為什麼頭腦會忘記這麼重要的事情呢？因為人的頭腦覺得那不可能，認為那是個無解的公案，認為與現實的生存方式違背，所以就把它忘了。

但我們的「心」因為還連結著「無限」，它因為還是那個大開悟的一份子，所以它知道那是有途徑可達的，它就沒有遺忘；因此如果跟著心走，它就會開始引領你去補修學分，讓你開始去回復本有的智慧，走上另一種軌道。這也就是為什麼你並不會一帆風順，可是卻會在這個旅程裡面不斷剝落層層笨重的自我；就這樣，漸漸把該修的學分都修了，有一天，你就會發現你所在的那個位置——那個人生的心境、那個人生的處境，已經回答了你生命深處最渴望解開的謎題了，甚至遠遠超越過去的自己所憧憬的夢想，比那更富有、更完整、更尊貴！所以很多悟道者才會把這叫做一種圓滿。於是你也會清楚，如果用頭腦去計畫這個路徑，是絕對不可能這樣去鋪陳的，因為倘使你跟著頭腦走，頭腦將會選擇一個退而求其次的人生，它會樣樣事情都退而求其次，而遺忘你內在最初始的渴望——渴望「無所限制」與「圓滿的愛」；於是此生終了，你的靈魂將會遺憾，因此你就會不斷地再來地球重複同樣階段的挑戰。

我已經確實知道了，無論現在的你怎麼看待你自己和別人，每一個人的人生，都可以是個偉大的恩典，但是只有在你堅持跟隨著「心」，才能夠轉換次元，讓這個恩典變得清晰。就像《聖經》所說，神的國度不是肉眼所能見，只有心眼可以看見，可以進入；確實，當你的心擦亮到一個程度時，你將可以在還有肉身的時候，就一窺那個無限與圓滿，而這個「無限與圓滿」，就是所謂「神的國度」。

這些年來我與M的出版作品，正是從這個「無限與圓滿」而來的，從《與佛對話》、《絕望中遇見梅爾達》、《神性自在》，一直到《奉獻》、《回家》、《理念崛起》，直到本書，這些不可思議的創作方式，回頭印證了我十五歲那年，第一次讀到《心經》時的極大震撼，也回頭印證了我在二十歲那年，讀《維摩詰經》時的極大契合，更回頭印證了我在二十二歲讀「賽斯資料」時的眼界大開。

雖然走入「神的國度」，已經變成了我與M日常生活的依歸，但我倆也知道，對於這「無限與圓滿」的存在，地球上絕大部分的人還是完全陌生的，大家仍然因渺小感與分裂感，繼續創造著自己與他人的諸多不幸。因此如今我與M能做的，便是懷著感謝，盡可能用我們的表達方式，將這條「心」的道路，再多踏兩道腳印（因為已經有許多前人的行跡了），讓有所準備的人更有勇氣去放下頭腦的算計，走上這條「領回本屬於自己生命恩典」的道路。

衷心地祝福著正在閱讀此書的你。

章成 於二〇一五年四月十三日

註

本書緣起：二〇一四年三月二十日，在台中的草悟道散步時，先收到本書最後一章的訊息。二〇一四年六月十五日，高靈預告本書的其他訊息將在京都的四個能量點給予我們；同年的十一月二十三日，我和M啟程前往京都，享受二十天的賞楓之旅。本書其他章節的訊息便分別在京都山科的毘沙門堂、三千院參道旁的「大原の東山」、東山的永觀堂，以及紫野大德寺內的黃梅院，分成四次傳遞予我們。而在傳遞本書的過程中，我與M雖然扮演著問答角色，讓訊息流動，卻同處於極為清楚的高能量狀態，就彷彿是同一株玫瑰，花與葉的對話，看似兩造，實則一體。

〈前言〉

閱讀本書的注意事項

本書內容，是在開悟狀態下傳遞的訊息，閱讀它可能有風險。

本書試圖以語言文字，幫助人領會那個在無盡宇宙誕生之前的本體，但它並不是一個物理系統，這個本體在本書中，稱做「都可以」，也叫做「無限」，這才是你的真實身分。如果你是一個清楚的人，去步上這個瞭解「都可以」的歷程，你會成為一個開悟的超級大師；然而，如果你是個不清楚的人，那你可能會想刻意去執行這個「都可以」，就會產生頭腦的系統混亂，甚至變成自以為是的神經病。

當然，在「都可以」裡面，超級大師和神經病都是存在的，但就你所在的這個世界的人們，他們容不容許這樣的你？你要自己判斷。真正開悟的人，雖然他懂得這個「都可以」，但他是懂得配合這個世界去戴面具的；而神經病呢？你會發現，大家都會發覺他是神經病，因為神經病沒有能力去戴面具。

古佛所謂的「無字天書」，就是這個「都可以」，但它是超越頭腦的東西。當本書試圖把「無字天書」用文字表達出來時，你要謹慎區別「海闊天空，無為無不為」與「為所欲為」的不同，才能夠安全地讀懂本書。

閱讀本書最好的方式，是保留著空間，不太過努力鑽研。

這是一本要有開悟經驗的人才適合看的書，如果沒有開悟經驗的話，請把本書所說的當做一個參考，在內心保留一塊空間來閱讀就行了。尤其部分內容，如果智慧程度未達，看了以後反而容易誤導自己，所以當你看到不懂的地方，不一定要太去追究、太想懂它，那樣反而更容易陷入錯誤。

好的作法就是：在心裡保留一個空間，把這些信息暫存著就行了；甚至讀到一半覺得頭腦當機，把書先丟到一旁以後再看，這也是「保留空間」的好作法。其實日後如果碰到什麼事情，會讓你聯想起書中的某些話時，你再拿起來翻看，就會明白了。所以這不是一本適合猛K、鑽研的書，它是「當你的人生有問題的時候拿起來翻一翻，一直會意外地讓你得到答案」的書。心裡有這樣的空間的話，本書對你的未來是會有很大幫助的。

當有一天，你人生崩潰到某一個程度時，你就會發現這本書原來有在跟你講的話。

當有一天，你真的開悟了，你也會發現，這本書把你很多的拼圖都拼起來了。

本書主要用來「開啟」你與高我的連結，而非建構觀念。

這次我們被引導至京都四個特別的能量點，分批接收本書訊息。當高靈臨在時，這些對話是在我們也處於開悟狀態流動出來的；它的能量，勝於過去我們所有書的總和，因此它的主要目的，不在於觀念的建構，而在於用來開啟你的內在空間，讓你在這個空間裡跟你的高我去連結，從而得到這個階段所需要的智慧。然而這個開啟的幅度，可以由你的意願去增進它，我們會建議你可以在每次閱讀前，先靜下心來，以發出聲音或在心中如此唸誦：

宇宙間慈悲的力量，感謝這一刻，全宇宙都在幫助我。

每一件事、每一個人、每一樣東西，都是另一個我，在幫助這一刻的我覺醒。

這是個很有力量的密咒。所謂的「密」，是含有深意，是表示，你是從「具有更高證悟的那個未來的你」那裡，以他的智慧來灌頂的，這宣示超越了線性時間的概念，是具有不可思議力量的話語。如果閱讀本書之前能先默唸這段話，無論你現在的智慧程度到哪裡，閱讀此書，你都能得到更高層次的開啟，不受障礙，而這也正是那不可思議的「都可以」的具體展現。

簡化地說，本書會讓你自己開啟你的反省，而你反省了之後，就會像通靈一樣，自己就會有靈感知道該怎麼做。這本「無字天書」，就有這麼大的能量。

章成、M·FAN 寫於台中

ch1 遨遊平行宇宙

2014 年 11 月 25 日　于京都 · 毘沙門堂

1 你可以進入任一個「平行宇宙」的切片遨遊

M：高靈說，這本書會由淺入深地，從大家熟悉的概念，逐漸擴展到語言文字所無法直接描述的「無字天書」的部分；所以一開始，我們要來談「平行宇宙」，這個是很多人已經從書籍或電影中熟知的概念了。

有一種永恆。我們人，每一刻都不是自己。比如說你拍了一張照片，那一刻有一個你，不是現在這個你，這就是平行宇宙的切片，每一個切片都是存在的。

如果你去回想過去某個片刻的回憶，那個回憶其實是一個確實存在的平行宇宙，它並未「過去」，而你的意識可以真的悠遊在裡面，去意識到比你原先的回憶更多的東西。例如你回憶起小時候在做功課、媽媽在廚房煮菜的一個場景，在這個原先的回憶裡，媽媽是在廚房，你並沒有看見她；可是你可以透過這個回憶，進入那個平行宇宙，然後用你的意識去知覺到，廚房裡面的媽媽在做什麼菜？你可以知道那時她正在想什麼？而這是你原先的回憶裡所不知道的。

甚至你可以從這個平行宇宙延伸到其他的平行宇宙，例如「如果我的媽媽沒有在我三十歲的時候過世，而一直活到現在的話……」，這個平行宇宙是存在的，你也可以透過心念發出的意願躍入這個平行宇宙，並知覺到她活得更長、變老的樣子；當然，甚且你還可以跟這個變老的媽媽溝通。所以，人真的是不會孤單的。

成：高靈的意思就是，你可以透過過去的記憶，跳入這個平行宇宙，甚至再跳入其他的平行宇宙；雖然這些平行宇宙是你沒有選擇的路線，但你可以用意識去移動與知曉。

M：對，因為所有的「平行宇宙」都存在於一個場域，叫做「都可以」，所以它們的本質也是「都可以」的，沒有任何真實的阻礙能夠限制你的意識去知覺、遨遊或跳開，但是你會體驗到你想要找到的版本。這就像是，其實平常人與人在溝通時，每個人都是在聽自己想要聽的話一樣。在意識的旅行裡面更是如此，所有版本的平行宇宙都存在，但是你會依照你的期待與願望去經歷。

這並不是脫離現實去進入「虛擬世界」，而是你現在經驗的現實也只是平行宇宙的其中之一，不能用「真」、「假」去區分。很多時候，在人睡夢或靜坐冥想時，也可以進入其他平行宇宙，然後與其他的存有溝通。

成：但是造成「現實」與「虛擬」區分的是什麼呢？我猜很多人會回答：是身體。你覺得自己的身體是牢牢被「釘」在一個固定的現實之中的。但並非如此，對嗎？

M：對，身體其實也是隨時在「搬家」的，透過我們每一次的選擇與心態，隨時搬移到不同的平行宇宙。事實上我們的現實，下一秒就不是同一個現實了，只是我們無論做怎樣的選擇、改變怎樣的心態，就那千萬億個無數的平行宇宙而言，我們只是往鄰近相似的地方移動了幾毫釐而已，所以你不會看到明顯的差異。可是如果你一直往同一個方向不斷做選擇的話，例如你從今天開始一直選擇愛，或一直選擇恨，過幾年你就會發現，自己的生活狀況距離幾年前變得太多了。

不過，確實也有人可以突然連身體都消失不見的，他可以立刻離開你所認為牢不可破的地球之夢，回到那個「都可以」之中，而且當他重新成為這個無限時，這個肉體之夢裡面的時間，無論十年、二十年、五十年、一百萬年，對他根本都是不存在的。這個突然消失的狀況稱為「虹光身」，之後我們會談到。

「天眼通」就是 Google 實景模式

成：既然我們透過回憶，可以躍入某個過去的平行宇宙，甚至可以在其中得知比那段回憶更多的訊息，那麼這就讓我聯想到「Google Map」的實景模式了。譬如我曾經到過一個十字路口，在當時我是往東邊走的，所以我的記憶只限於往東走所看過的風景；然而照高靈的說法，當我透過記憶回到那個十字路口，如果我在心念中選擇往西邊走，是不是也行得通？我可以開始看到往西走的景象？

M：對的，可以，而且還可以轉進巷子裡，巷子也是走得進去的。

成：那麼，一定要去過的地方才能這麼做嗎？

M：沒去過的地方也可以，但去過的地方會比較容易。原因是，回憶就像個心靈的「QR

碼」，它是由當時場景中的無數事物、包括整體的氛圍所構成，你有烙印過這個 QR 碼，日後透過對焦於它，就相對容易地可以再連結到那個平行宇宙去；而沒有去過的地方，你比較沒有熟悉的途徑進入。

成：所以照這麼說，如果我在心念中選擇往東走——這是我以前走過的路——然後想在裡面轉入小巷，應該會比我往西走，想轉入西邊道路裡面的小巷容易？

M：對，高靈說，例如我們曾經很深刻地生活在台東都蘭山上，在那裡自己建造了「無鄰菴」，所以我們會很容易進去台東無鄰菴的平行宇宙去遊歷。原因類似於下面這樣的比喻：在幾億張無鄰菴的「平行宇宙」畫面之中，有幾張你摸過了，如果這幾張對你而言很深刻的話，你就很容易再度「進入」那個當下，栩栩如生地感知到。但能力更好的話，還可以透過這幾張摸過的畫面，又拿到其他本來沒有拿到過的畫面，而這就是遨遊在平行宇宙之間了。

一般人要進去沒有去過的地方的平行宇宙，是很不容易的；可是更有品質的人可以，他連沒有看過的國家、地方都可以進得去的。

成：所以，為什麼在古往今來的生命智慧裡，常提醒大家腳步要慢下來，要好好享受任何你在享受的那個當下，因為它其實是永恆，如果它在你的心中夠深刻，日後你可以隨時觸及這個永恆。

M：古時候的人在打坐的時候，自己也會發現確實可以看到想要看到的事物，事後去求證，才知道這是真的，不是幻想，所謂的「天眼通」就是這樣傳出來的。註

成：現在我們瞭解平行宇宙的話，就會知道。所以也無所謂「時間」，因為過去、現在、未來都是同時存在的「畫片」。「天眼通」能看的還不只是所謂的「他方」，也包括過去與未來，只是當我們去看未來時，所「摸」到的未來畫片，比較會是接近自己現在心智狀態的那些圖片；但是當你自己的心智狀況有很大改變時，未來也就跟著錨定到不同畫面去了。

M：對，不過你現在去摸出來的未來畫片，就容易變成一個「亮點」，你也會比較容易朝那個方向發展。所以應用這個原理，你確實可以自行去想像出一個未來，讓它變成你意識中的一個亮點，這樣你就會比較容易朝向它發展，這就是所謂的「心想事成」。不過一

旦你對這個未來失去興趣，或實際生活並沒有朝那個方向去行進，它跟你之間也就斷了線了。

例如，也許有一個人因為很窮，從來不敢奢望自己將來可以出國去玩。有一天，他偶然看到牆上一張夏威夷的照片，那個時刻他心裡想：「啊！好美呀，好想去。」如果接下來他的念頭是：「唉，不可能啦，不要多想。」然後就轉身離去，那麼在這個點上，他的命運就不會有什麼改變。但如果他接下來的念頭是：「也許我以後真的可以去，我想要朝著這個方向走。」那麼，將來只要跟夏威夷有關的訊息，就容易跳入他的意識之中，同時也會啟動更多跟去夏威夷有關連的想法與行動，那個「他置身在夏威夷」的平行宇宙，真的就會離他愈來愈近了。

成：這就是吸引力法則，不過恕我潑一下冷水，如果想要朝著某個自己覺得更好的未來前進，也意味著需要比現在的自己有更多的學習，而不是「心想事成就好了」那麼簡單。怎麼說呢？如果沒有一個比現在懂得更多、更成熟的自己，那麼即使到了夏威夷，之後也不一定會開心順利。譬如說，後來真的嫁給了夏威夷富豪，可以定居在夏威夷，但是富豪家規矩多，還得隱忍丈夫花名在外，自己無法消受，最後得了憂鬱症，變成了一隻關在夏威夷的金絲雀，那也是枉然。

M：當然，在《奉獻》這本書中，我們有談過關於吸引力法則的四個階段。不過現在講這個，重點是提醒常常有消極想法的人，或自己覺得沒有目標的人，其實你並不是沒有過憧憬，或吸引你想去的方向，但是後續的消極意念，常常讓你打消建立這個「亮點」的機會，拱手讓出了對自己人生的創造權。

註

結束這次旅行回到台灣以後，對於遨遊平行宇宙，我有個真實的經驗，在此與讀者分享：

回到台灣後，由於行李尚未完全整理完畢，在客廳的沙發上，還遺留著一張「天得院」的DM沒有收好。天得院是東福寺的塔頭（分院），二〇一四年的賞楓時期，它被特別開放參觀，我買票進入的時候，同時拿到了這張介紹天得院的DM，但是我當時並沒有打開來去閱讀它。

回台後的某一天早晨，我恰好坐在客廳沙發上休息，就順手拿起這張DM來翻看。DM內頁中有一張小院落門口的正面照，吸引了我的目光：畫面中的陽光、灌木叢、古色古香的大門，甚至是地面上的地磚，都讓我整個回味起京都的氛圍。當時看著DM上的照片，深刻地好像連照片裡灌木叢的樹葉我都能摸到似地，然而這並不是我那天記憶中的天得院的入口，我不知道這是什麼地方。

在這個院落的門口右側，直立著一塊布告欄，它的正面不是面對鏡頭的，而是剛好與鏡頭垂直，所以在這張照片上，布告欄側邊的柱子面對著我，我看不到布告欄上有些什麼。就在這時，我突然想到高靈曾經說過，我們是可以進去遨遊的，於是我就大膽地想去嘗試看看，試試能不能看到那個布告欄上張貼的海報。

於是我叮嚀自己，等一下我閉上眼睛，就要進去眼前這個畫面。而當我已經彷彿置身在這個場景裡面的時候，我要用我的意念「向右看」，看向布告欄的正面。

因為對京都的一切有很深刻的感覺，我閉上眼睛，只是運用了我的「意願」，一下子照片那個畫面的場景就整個浮現出來了，而我已經置身在其中。我先讓自己享受了一陣子，感受空氣中混合著檀香與綠葉的氣味，感受著陽光的美好，接下來，我便告訴自己：我現在要向右看！

我的心情立刻開始忐忑起來，既興奮又擔心，因為過去我都是直接接收我要的訊息，從沒有以類似「Google 實景」方式去試過，人真的可以這樣去遊歷沒去過的地方嗎？對於這樣的可行性，突然感到毫無把握。但也許是因為我常常在諮商的時候接收各種訊息，所以我對於接收訊息所保持的狀態，算是熟練，因此當我對自己下了向右看的指令後不久，我看到布告欄了。我告訴自己選擇最靠近我視線的一張海報，於是眼前自動浮現出一張海報的視覺畫面來，是一張上半部是天藍色、下半部是大紅色的海報，可是畫面很模糊，海報上的字我一個也看不見。於是我就拿出我熟悉的方式，直接問：「海報上是什麼訊息？」答案立刻出現：跟兒童有關。

我的理性立刻告訴我：這不是真的，一定是自己的想像。首先，這海報的配色太不像在京都寺院經常看到的那種優雅、和式的美術風格；其次，貼在寺院布告欄上的海報，又怎麼可能是跟兒童有關的訊息呢？這機率太低，必然是海報的顏色影響了我，因為這兩種顏色的搭配給我像是幼稚園的感覺。想到這裡，我就相信自己失敗了，立刻睜開眼睛「回到現實」，我認為剛剛的一切純粹是自己的想像。

我重新看著照片，這次不是去享受它帶給我的氛圍，是想找找畫面中有沒有關於「這個院落是什麼」的線索。一般在大門的邊柱上或是大門屋簷下，會有木牌或匾額書寫著院落名稱。果然，在大門左側邊柱上，懸掛有一塊木牌，是先前沒留意的，依我的經驗，就是它了！可奇怪的是，院落的名稱頂多三個字，這上面怎麼會這麼多字呢？密密麻麻兩行毛筆字，我都無法看清楚。

由於印在DM上的這張照片不大（只有八公分寬、六公分高），照片中，門邊懸掛的這塊木牌就更微小了（只有一公分高、三公釐寬），所以我非常仔細地調整眼睛的焦距，試看看能否看清楚木牌上的那些字到底是什麼？

「東福寺保育園、東福寺兒童館」

我驚訝地從座位上跳起來，誰想得到這個看起來正經八百的院落，會跟兒童有關係？原來高靈說得沒錯，遨遊平行宇宙，真的是可行的。

還真感謝這張海報與我的既定認知有巨大的落差，才證實了我的所見確實是對的。

天得院 DM 之照片

2 如何與過世的人溝通？

M：既然平行宇宙代表一切的版本都存在，如果你最愛的人死了，是不是在某一個平行宇宙裡，那個你所熟悉的他仍然活著？答案是當然的，而且你是可以跟他接觸的。

人最怕死別，因為最難過的就是：無法再與所愛的人有新的互動了。可是如果平時就經常能夠調校到對方的「頻率」，與之對齊，那麼即使對方過世了，只要透過進入過去與對方互動的一段美好回憶裡，你就能透過這個方式，重新與對方的頻率對齊，那麼你在意識上真的可以與對方有新的互動，而不是只能緬懷過去的回憶。比如說，真的可以跟他討論事情、交流感情，可以知道他的心意、他希望你做什麼等等。宇宙的本質就是「都可以」，因此當你有一個想與過世的人溝通的渴望，如果你的心是敞開的，你就可以接觸到「仍然活著的他的意識」的這個平行宇宙，去與這個你所熟悉的他交流。

成：請高靈給大家方法，怎樣可以做到？

M：方法其實說明起來很簡單，只有兩個步驟。

第一：首先要先知道平行宇宙這個概念，要相信這個「都可以」。

第二：平常對方還活著的時候，就要練習去與對方的頻率「對齊」，如果經常這麼做，你的內在會漸漸熟悉這個連結到對方的路徑，於是對方過世了以後，透過回憶為跳板，你就會很容易做得到。如果平常你沒有這麼去練習「對齊」對方的頻率，等對方死了以後要跟他取得聯繫，確實很難。

所謂「跟對方的頻率對齊」，就是達成會與對方發生「心電感應」的狀態。比如一對夫妻，經年累月生活在一起，內心確實有相互的關心和愛，有互相想要瞭解對方心意的真實意願，而不只是一對夫妻的生活形式、責任義務的話，你會發現，他們兩人是常常有心電感應的，也就是人們說的「默契」。比如說你們常會同時想到對方，或同時有相同的想法出現，這種默契經常出現的話，就是彼此頻率「對齊」的徵兆；一旦這個對齊的路徑打通了，就算其中一個人過世，也一樣可以互相連線的。除非你相信，因為對方的身體死了，所以你們就再也無法接觸，因而被巨大的情緒給淹沒，那即便對方傳送訊息給你，你也會視而不見、聽而不聞了。

所謂人與人之間的「牽絆」，這個詞指的就是這種「心電感應式」的相互影響的關係。所以「牽絆」並不是建立在自己的需求上，覺得自己好需要對方，那不是「牽絆」的意思；真正的牽絆是你對對方的關心、你對對方的真愛，這份關心在對方還活著的時候，就會讓你的心經常去與對方的心「校準」，當校準度很高時，生死就只是肉體上的現象而已了。而意識本來就是超越生死，可以繼續互通的，因此當你覺得孤單時，你就能夠透過選擇你想要的某一段回憶中的他，與那個他聯繫上，你真的可以得到他的陪伴、產生新的對話；甚至想做一個決定，也可以得到他的意見與想法。

也許有人認為，這是不是自己的幻想？這是不是很瘋狂？這與人們對愛因斯坦相對論的質疑是一樣的。時間和空間真的是可以彎曲的嗎？但是只有你有親身經驗，你才會知道這跟頭腦幻想出來的有什麼不同。

例如很多人都知道「心電感應」不是幻想，他們有第一手的經驗，比如突然感覺在國外的親人不對勁，打電話去問，果然有事情。於是他們親身經驗到，心電感應是沒有空間阻隔的。但大部分的人還不知道「心電感應」也沒有生死的阻隔，更甚者，也沒有「時間的阻隔」，你也能夠跟「過去的人」或「未來的人」接觸。

其實，如果說微波可以穿牆而過，那麼「心電感應」也像這樣，是沒有時空、生死阻礙的。那麼，它何以能夠如此？讓我們給予一點線索：目前科學家不僅透過理論，同時也透過實驗證實了「重力」是可以彎曲空間，也可以改變時間的；那麼將來的科學家還會發現，原來「心電感應」（念力）也就像一種「重力」。

再回到人與人之間的話題。有的伴侶平常很容易發生有默契的時刻，例如同時想到某個人、同時想做某件事，或同時感覺到同樣的感覺等等，這就表示，這兩個人的頻率校正得很接近了，就如同兩台對講機的頻率對得上了，於是你們就很容易有心電感應，可以不經過相對緩慢的物質路徑，直接傳遞或接收到對方的訊息。

所以，為什麼雙胞胎比較容易發生心電感應？因為他們在生理與心理的先天「機械構造」上是同一個模子，就像兩台頻率本來就很接近的對講機。一般的伴侶差異很大，就要靠生活上的相處去培養出默契，願意常常為對方設想，常常去意會對方可能下一步要做什麼、會需要什麼之類，如此你們就等於是經年累月地在校正彼此的頻率，去貼近對方了。

所以這又可以提到《奉獻》註那本書強調的那個公式「感謝＋反省＝奉獻」。實踐「感謝＋反省＝奉獻」，就是「校正頻率」的好方法，如果伴侶之間一直這麼做，兩人之間的頻率就會愈來愈接近，那麼以後其中一個人死了，你會很容易透過心電感應去與對方連結、交流，甚至透過他進入更多平行宇宙，就是進入那個「都可以」，去拿到更多東西，甚至於……包括樂透號碼喔。

註

《奉獻》一書全名：《奉獻：打開第五次元意識，看見尊貴、美好的生活》，章成、M．FAN合著，商周出版。

3 中樂透，平行宇宙幫得上忙

M：講一個大家更有興趣的，就是有關於中樂透的祕訣。如果你平時完全不關注這方面事情的話，那麼中獎真的就是靠機率。可是如果你開始關注的話，比如說，每一期的頭獎號碼你都把它背下來，然後，你又可以跟過去的某個你連得上的話，那你是可以去告訴過去的你號碼的，那麼過去的你中獎的機率就會很高。

作法就是，先背下頭獎號碼，然後去連結一個你選擇的「過去的你自己」，然後用心念傳達這組號碼。這需要成為一個持續的習慣，而不是只做一次。

成：但就算那個過去的我真的收到這個訊息，去購買彩券也中獎了，跟現在的我也沒有關係呀！因為他已經跳躍到了另一個平行宇宙，現在的我還是沒有中樂透。

M：沒錯，但是如果你一直維持這個模式下去的話，「未來的你」不就會依照這個模式來告訴你號碼，讓你也可以跳躍了嗎？

我們現在講的，就是「吸引力法則」背後的真相。一般談「吸引力法則」，是在三次元的架構中解釋的，在把時間當作是線性的情況下談的，所以會把吸引力法則理解為「在時間中，你去吸引一件未發生的事情發生」；但真相是，在平行宇宙裡，一切都已經存在了，一切都有了，所以「擁有中樂透的經驗」的你也已經存在了，只是看你要如何連到那個路徑，將你的「當下」變換到那個平行宇宙而已。所以你並不是去「吸引」中樂透的事件發生，在「都可以」中，它已經發生了，你是跳躍到這個實相。

所以，如果你期待未來的你能夠來告訴你樂透號碼，那你現在就要開始去告訴過去的你樂透號碼，這就是為什麼需要持續去做。從這裡也可以延伸去談，人如果願意從今天起開始一個好習慣，為何永遠也不嫌遲？因為未來那個愈來愈好的你，是會愈來愈有能力回來幫助現在的你的。

電影《星際效應》註 1 就演出了這樣的概念，主角在故事最後，置身在一個四次元的架構，讓他能夠回到過去某一個時間點，去幫助當時的自己與女兒。而這個四次元架構是怎麼來的？主角說，這個架構是未來更先進的五次元人類，他們製作出來，讓過去的人類使用的。

未來的你所做的，現在的你也享受到益處，而現在的你所做的，會讓過去的你也跟著調整，所以連你的「歷史」其實也是在改變的。因為沒有真正的「過去」、「現在」、「未來」，你只是改變了你所知覺的平行宇宙。這個部分，建議讀者可以再去參考《與佛對話》[註2]的第三課：線性與非線性，高靈在二〇〇四年的那堂課中已經闡述了這個概念。

註

1 電影《星際效應》，英文原片名為「Interstellar」，由 Christopher Jonathan James Nolan 執導，於二〇一四年上映的一步科幻片。

2《與佛對話》一書，全名為《與佛對話：來自宇宙的拾堂高階心靈課》，章成、M·FAN 合著，商周出版。

4 靈魂伴侶怎麼來的？

M：如果在一對伴侶裡面，只有一方去校正自己的頻率來貼近另一方，那麼會怎樣呢？比如經常為對方付出真愛的這一方是你，那麼你將會很容易透過心電感應去明瞭你的伴侶，但你的伴侶卻沒有辦法透過心電感應去明瞭你。如此一來，假如是對方先離世了，對方在靈魂狀態傳遞心電感應的訊息給你時，你是比較可以收得到的，甚至你願意練習的話，也可以主動與他交流。可是如果今天是你先走，對方還活在肉體當中，他就會無法接收到你的訊息，你想安慰他或給他什麼重要的訊息，他也收不到了。

那麼這裡就可以談到「靈魂伴侶」了，所謂的靈魂伴侶，在大家的期待裡，就是那種沒有經過磨合，很快就彼此相愛，對對方真心真意付出，而且心意高度相通的親密關係。很多人都想要找到自己的靈魂伴侶，或是疑問著是不是每個人都有這樣的伴侶存在？其實，你若是瞭解「都可以」，你就知道那個他當然是存在的，但為什麼很多人覺得自己找不到呢？從之前談的話題，你其實是可以找到答案的。因為人在期待靈魂伴侶的時候，是有自己的標準和想望的，可是你現在的頻率與你理想中的那個所謂的「靈魂伴侶」之間，有多大的差距呢？如果事實上有很大的差距，你當然沒有辦法遇到，或是就算遇到了，這個人也無法愛上你。

成：所謂的「差距」是什麼意思？可以有更多的解釋嗎？

M：就是「同質性」有多少？很多人想要找到一個靈魂伴侶，但事實上，他自己的意識品質跟他設定的「靈魂伴侶」之間，是差距很遠的。譬如你想找一個內心很有愛、很有靈性的伴侶，但事實上你自己是一個很小器、又虛榮，只想要當公主，有利可圖才要付出的人，這樣兩者的頻率其實是差距很大的。那麼即便有機會使你們認識了，對方也自然而然會與你不來電。所以想要找到那種理想中的靈魂伴侶，自己是需要先有修為的。要怎麼修為？就是在生活中用「感謝＋反省＝奉獻」去修自己的心，轉變自己的品質。

所以你想跟摯愛的死者溝通、你想中樂透、你想嫁給總裁……都可以，這就是宇宙的真相：都可以。但是你想要這個「都可以」的話，自己就必須去調整頻率，以「感謝＋反省＝奉獻」去調校你的生命品質，才能夠達成。如果你現在不想這樣修，也可以的，在無數的生命輪迴中起起伏伏，慢慢地，你終究還是會領悟，還是會這麼做，所以最後還是能夠達成。但是人家有先達到的，就不要去嫉妒人家說：「為什麼他這麼好命？」因為其實你也可以，只是看你要不要從現在就開始去準備，往這個方向去走而已。

雖然這樣講是功利的，但為了說服人的頭腦，也必須這麼說。然而當你去實踐「感謝＋反省＝奉獻」時，你就會開始脫離頭腦，發自內心的有愛了。

5 靈媒為何能成為暢通的管道？

成：那我們又是怎麼回事？我們可以心電感應的對象很廣泛，不管生死或認不認識。所以有的人甚至很容易校正頻率去貼近任何人，對嗎？

M：對，因為我們的開放度很大，又願意去瞭解不管相不相識的人，為他們奉獻，所以我們其實一直在放下自己、校正自己的能量，去知覺到他人的內在。死去的人的靈魂也有這樣的能力，因為他是在比有肉身時更開悟（即更開闊）的狀態，所以他們很能瞭解生者，也能夠發送訊息給生者，只是生者多半是收不到的，因為他們的自我關注、文化信念、情緒，會造成他們的開放度很小。

所以靈魂若想要傳遞訊息給生者，有時就會求助於靈媒，或遇到對他的訊息有反應的人，就會去接近，希望能夠透過這個人來傳遞，這就是一般人所謂的通靈。像我們倆對能量的開放度比較大，有些細微的不同能量，我們就能覺察到；如果讓自己去對焦這樣的能量，就能夠解碼出訊息，這個就是通靈。所以我們也可以當靈媒，只是我們沒往這方向去做而已。

高靈說，很多通靈的發生，其實是靈魂主動來找你的，因為他們知道你可以通。亡者與家屬之間比較容易發生這種現象，例如有些家屬成員會突然想到死者，或是突然想到有關死者的某些事情，其實那個時刻，正是死者試圖來告訴你些什麼，通常這也比較會是在家裡有重大事件發生的時候。

此外，不管是你的祖先、指導靈，他們都有可能傳遞給你訊息，而你也會有所感覺，只是看你有沒有去對焦於這份感覺，然後去接收成為更清楚的訊息而已；當對方意圖強的時候，你是更容易有感覺的。可是一般人，尤其又不是家人的話，還是很難意識到這種頻率，家人之間比較有牽絆，所以相對是比較容易的。但所謂的家人不一定要有婚姻或血緣的關係，主要是看內心的那份牽絆，牽絆愈深，這份心電感應就會愈強。

6 靈界的真實面貌——置身在無限中

M：剛剛我們一直在談論死者與生者的聯繫問題，然而，死者不一定都想與生者聯繫的，因為靈魂脫離肉體後，等於是相對「開悟」了。假如他生前是因為自己的需求，所以跟你相處在一起，死了以後他發現自己根本沒死，並且還有更大的自由去體驗其他的生活，那他就覺得不再需要你，不再害怕沒有你，那麼他可能就毫無戀棧地離去，不會想和生者聯繫了。

不過，脫離肉體的靈魂，如果覺悟程度到了能夠不再去輪迴，就會融入那個「無限」中，就像一滴水滴入大海；如果你們彼此是有牽絆的，而你又希望智慧提升的話，那麼當你發出這個意願，他就會收到你的訊號。他是可以知道的，這個「都可以」就會透過他，以你最能夠領會和接收到的方式，來帶領你成長。

無限的平行宇宙就是這個「都可以」，當你有什麼需求，就會有什麼回應，於是你就去經歷一個歷程去學習與達成；如果你沒有要怎樣，那這宇宙也就是沒有的。所以，聰明的人會領悟到，人生的一切都只是在「自High」而已。以跟死者聯繫這個話題來說，你想要跟死者連結，也是因為你的設定讓你覺得，這樣做有意義或很重要等等，有這個「自High」，才會有那個「連結」。

包括我們來投生，也是因為有這個「自High」，才會來投生。我們的煩惱、悲傷，不滿，其實也是一種「自High」。

成：自己覺得有必要、一定要、很期待、不這樣不行等等，這都是自High的想法，這個念就會讓我們來投生。

M：我們現在雖然還有肉身，但我們也在學習變得心胸更寬廣，能夠聽到別人的訊息，能夠接收到更大範圍的頻率，用世俗的話也可以說是「能夠體諒更多人」。如果能這樣一直開闊下去，生命的層次就能一直上來，我們就愈來愈不再執著於自己的自High，那麼有那麼一世，當肉體生命結束回到這「無限」（合一）時，我們就不再抗拒、不再無明地想多此一舉，於是我們就不再進入輪迴了。

可是有些脫離肉身的靈魂，他們面對「無限」、面對這個「都可以」，是會混亂、抗拒的，這就是所謂的「還有功課」，那麼他們就會再選擇投生。這過程用我們三次元的層次來看，會覺得很漫長；可是對「覺知」（清醒）而言，也只是一瞬間而已。終究，所有的「迷惑」在覺醒裡面來看，都只是一個不存在的夢，而在夢裡面看，才有漫長的時間。

真正的競爭力，是默契

我們談「心電感應」，很多人以為，這只是茶餘飯後的話題，與他們的現實生活無關。然而台灣人現在為什麼很多事情都做不到位？使競爭力不斷下降？真正根本的原因，正是因為大部分人都把自己「心電感應」的管道關閉了。因為每個人每天都一直在忙碌當中，只忙著顧自己，所以就體察不到別人真正想要的是什麼、真正的需求是什麼？從政治人物到市井小民、各行各業，現在都充滿盲點，當事情愈來愈做不到位，甚至做得損人又不利己，還無所感知，當然競爭力會下降，整體社會也開始落後別的國家愈來愈多。

接著，當人們被別人的不到位、被別人的自私自利傷害了，自己又會做結論說：「別人用混的、用騙的反而吃得開，那我何必再用心做事？這個社會既然對我不仁，就休怪我不義。」於是也開始改變了自己的心態，變成用自私的方式去做事，於是大家就一起掉入了一個「魔性」的循環裡面，這也就是一種「魔界」，這就是「痛苦之身」註的魔界。

當一個人進入「痛苦之身」的魔界時，他會誤以為自己也去爭奪才可以出這口氣，但這會讓他掉入惡性循環的輪迴裡面——這也就是「地獄」。像現在的電視八點檔、社會新聞的內容，我們所謂的「加倍奉還」、暴力腥羶，其實就是地獄的模式。「人間地獄」就是一直像這樣存在著的，因此這類的節目和報導不宜多看。所謂「修行」，在這件事上面最簡單的意義就是：每次你有想進去看的欲望時，你能不能就把電視機關掉，去看看好書、看看別的有益的事物？

人其實自己也知道，哪些東西是紛雜的、粗製濫造的；既然你知道，就不要習慣性地去接受，那你才能轉向真正對自己有益的方向去。

佛經裡面，佛陀在開講的時候，常常稱呼現場的聽眾：「善男子、善女人……」一般人以為那是對聽眾的一種禮貌的稱呼，稱他們為「好男子、好女人」，其實語言文字上雖然是這樣，但實際在演講中呼喊的時候，有很大部分的含意，是在呼喊習於待在頭腦的慣性中、欺騙自己的現場聽眾，請他們要覺知、要覺醒。「善男子、善女人！」真正的意義其實是說：「各位男人女人呀……醒醒吧！」

註

「痛苦之身」一詞，意指人內在累積的痛苦，會逐漸形成另一種人格，這種人格反而習慣於待在痛苦中，喜歡依靠痛苦、悲劇、不快樂的思想為食物，來餵養自己，使自己繼續存在下去。這個詞彙出自《一個新世界》一書的作者 Eckha Tolle。

7 人間版的平行宇宙

M：談過了「都可以」中的平行宇宙，現在我們再進入地球的層次，談談「人間的平行宇宙」。人間其實就看得到平行宇宙，而高靈說，對此，祂要帶給我們一個更進階的觀點。

一般大家對「平行宇宙」的概念，比較側重於這個描述：「各種可能性的生活同時存在，而你所知覺的只是其中的一個版本。」這個描述很自然會與「信念創造實相」這個道理連在一起，所以有的人就會想，如果我想生活在美好的世界裡，我就要有比較美好的信念；那麼，反過來，當我們看到有些人一直在針砭這個社會的不好，是不是因為他活在比較負面、「不夠全然光明」的信念裡呢？其實這件事不能如此簡化去看。

我們可以思考一個問題：如果一個人更覺醒，他會活在一種什麼樣的「平行宇宙」？會是只看見美好事物的那種嗎？其實不是的，更覺醒的人的「宇宙」，是「能夠看到更多平行宇宙同時存在」的宇宙。

比如你比較年輕沒有閱歷的時候，你參加一場宴會，覺得燈光美、氣氛佳、食物又棒，你就覺得很享受、很開心、今天真是賺到了；但是同一個場合，有一個人比你的閱歷更豐富、觀察力比你更敏銳、智慧比你成熟，那麼他當然也知覺到了美麗的燈光、美味的食物，可是他還知道：今天主人為什麼要宴請這些人來？他也知道別人的閒話家常裡面，是在打聽什麼、暗示什麼？他知道這些是同時存在的。他會看到裡面的人各自活在自己的想法裡面，活在他們不同的生態裡，他可以同時看到這麼多人的「平行宇宙」，這就是更覺醒的人所處的狀態。

成：嗯，這就讓我聯想到在醫院的情形。一般人去住院或探病時，當然都只會進去一個病房，只待在那裡，也只關注自己或親人發生的病痛；可是在櫃台區的護士們，他們要同時看顧所有這些病房，所以他們看到的不只是一個病房裡的故事，而是每個病房裡的故事。因此他們會很知道每種家屬的不同反應、每種病人的不同個性；他們所「在」的宇宙，包含著每一個病房裡的小宇宙，可是每一個病房裡的小宇宙，卻沒有包含他們的。

M：對，這個就是所謂的「層次」了。所以對於「平行宇宙」，不要只想成是不同的信念區隔出來的平行世界，其實這裡面還有層次的不同。當你更加覺知時，在你的宇宙裡，會變成是：你可以看到愈來愈多別人的小宇宙，你很容易看到他們的軌道，看到他們繞著他們的想法、生活所帶來的利弊得失。因為你看到的比他們更多元、又更完整，所以你就不容易被牽著鼻子走，也就是不容易被別人製造出來的「引力」去影響和牽扯。所謂的「引力」，就是透過對方的愛恨情仇，去架構出來的一張能將你的情緒捲入的網。

包含著地獄的天堂，才是天堂

有的人，他自己的生活其實過得很單純、也很好，可是他看到旁人在受苦，或這個社會上有很多衝突在發生，他有意願去奉獻更多，就會開始深入去瞭解，看進這些原本他沒有太去知覺的地帶，於是他就會開始看到另一個層次的社會了。他可以一層一層地深入瞭解下去，看到愈來愈多不堪和醜陋的面向，這就是地藏王菩薩「下地獄」的意思。但他並非跑到一個更差的宇宙去，而是這個宇宙本來就有這麼多層次，只是以前沒有這麼擴展意識去看而已。

再者，當一個人是以奉獻的心去關懷這個世界時，他所能覺知到的平行宇宙，除了往更低的層次擴展下去，也同時能往更高層次擴展上來。以世俗的例子而言，就像一個人開始關心台灣教育問題的話，那麼他就會開始看到以前看不到的弊端，可是也會看到以前沒有留意到的典範，這個擴展是雙向的。

那麼以靈魂層次來說，當你是以愛去「下地獄」，你才能同時意識到真實的「天堂」。很多人直接去找天堂，但那個天堂只是自我的投射及逃避，也是非常脆弱的寄託。其實真正的天堂，有一天你會知道，它並不是與地獄相反，而是包含著地獄的，也就是地藏王菩薩看到這些地獄，在跟這些以地獄的方式生活著的眾生周旋、引渡他們的時候，他反而更能夠意識到真正的「佛國世界」。真正的佛國世界，就是連這些地獄，都是佛國淨土的一部分，能意識到這個，就再也沒有地獄和天堂的區分，這個才是真正的天堂。

成：你現在傳遞的，是太深奧、太偉大的東西了！它的意義只有真的走上這條路的人才有機會瞭解，這也就是將佛法中的「大乘」與「小乘」統合而為「一乘」的開悟。為什麼地獄也是佛國淨土的一部分呢？其實我們在《奉獻》那本書也有觸及，卻沒有明說。那本書的封面文案說：「你早就被全體宇宙無私地奉獻著，一無所缺、一無所障！而這樣的開悟……只能從奉獻開始！」

「宇宙全體」就包含著所有的存在，無論你說的大壞蛋或大好人。然而，為什麼連大壞蛋，都是在為你無私的奉獻呢？若就人世間的立場來看，是說不通的；可是當你有「一乘」的開悟時，你會明白這個圓滿。

M：對的，西藏的唐卡本來所要描繪的也就是這種圓滿，我們在這本書的最後將會傳遞這個層次的智慧。

看到更多可能性，心裡自然輕鬆

現在我們再拉回到人間的層次來繼續談「平行宇宙」。像「鬼」——先不談死後的存在這種話題的話，這種能量型態就是在形容那種眼界很狹小、一直把注意力放在某種自認為的損失上，把它看得很大、很看不開的心態。用這種心態過活的人，他就會充滿了負面思考，好像生活中只有壞事；你如果跟他分享好事，分享更多種過日子的選擇，他就自己會切割，完全把你的話過濾掉，這種狀況才是因為負面思考而進入的「平行宇宙」。

如果是因為奉獻、因為愛而去開展出來的視野，你會好的壞的都知道，你會看到生活有各種可能性，你會看到有很多選擇可以做，也會看到，如果要做什麼，也有很多路徑和方法，簡言之，你「都可以」的幅度會寬闊起來。

成：所以有「覺」的人，會看到更多的平行宇宙。像我們工作累了，想要休息了，我們喜歡京都，就會飛去京都，我們捨得花掉這些錢。可是有些人其實比我們更富有，但就會捨不得。所以我們有這樣的自由度，但他們卻沒有。

M：對，就像這樣子。那人們的捨不得，有的是對錢、有的是對時間、有的是對成就、有的是對名聲。

成：像我們的工作是心靈工作，但我們現在的心境就是：繼續做也可以，可是明天就不做也行，重點也不在於度多少人，所以我們的心情是很輕鬆的。可是當自己在助人工作上看到有不會的東西，因為愛這個人而想要學習時，我們又可以很認真、很投入地去做。如果我們把自己的欲望投射到這份工作上，不但無法如此看得開，也無法對人如此有愛了。

M：可是，為什麼不會再這樣投射呢？正是因為經歷過一個看到各種人生軌道與因果的過程，才會懂得不需要執著，也不必有眷戀，才可以投入於當下。所以當你能夠有「覺」，看到愈來愈多的平行宇宙，心境很自然就會趨向解脫。

趨向解脫不是什麼都不做，而是，今天你可以當心靈老師，明天你也可以立刻脫下這個身分去賣蔥油餅；你可以去當女強人，也可以去當家庭主婦。這些角色都是在演出而已，裡面沒有自己的依賴、投射和認同，所以就能夠很輕鬆，不會被牽制在自己和別人的劇本中受苦了。

那麼這裡就可以延伸談到，什麼是「出家」了，「出家」不是佛教專用的概念，不是去剃頭、受戒、穿上袈紗才叫「出家」。出家是：當你可以清楚看到這個輪迴的系統，你就能夠去脫離，而這個脫離因為有所清楚，所以你的心是輕鬆的，你對其他人是祝福的，這才是真的出家。如果出家人出家了，心裡還在掛念家裡面的誰誰誰怎樣怎樣，他的「心」還沒有真正離開那個家庭系統的視野，還是在裡面困惑、被抓住的，那即使身體在寺廟裡，也還沒有真正出家。

總之，一般人是在「做」事情，有覺的人是在「演」事情；「去演」是因為智慧，而「去做」是因為在乎。這是不一樣的，在乎的人常常是被事情推著走，有智慧的人才能推著事情走。

成：我們剛說，有覺的人可以看到很多平行宇宙，其實很多人都會有這種時候。例如看到了別人跟自己不一樣的生活選擇，反過來對照自己的現狀，沉思了之後，也會產生「我的人生好像也可以有更多選擇」的感悟，這時候就是站在平行宇宙的交會口了。

M：對，可惜的是，當他要做決定的時候，最後總會用安全感為思考的重點，所以他的選擇就變成是基於無奈所做的了，又變成是被恐懼感推著走的了。那麼他無論做了什麼選擇，都會讓自己的視野變得更狹小，這樣的話，以後他可以看到的「選項」就會愈來愈少。

最近流行起「平行宇宙」這個概念，但通常還聚焦在「人是生活在平行宇宙的其中之一裡面」這個論述，但高靈希望告訴大家更進階的觀念。其實，只要你不只是「生活在裡面」，而是開始去「覺察」，你就會開始看到不同平行宇宙的存在；能看到不同平行宇宙的人，才會開始有自由，才會開始有能力，也才會開始不拘泥，也才會開始在你想要療癒的地方，得到療癒。

其實「平行宇宙」也有點類似以前人說的「五湖四海」。為什麼人們說「人在江湖，身不由己」？就是因為，在這個江湖裡面有很多的架構，你進去這些架構以後就很難脫離，事業做比較大的人比較能體會到這個。所以心靈圈講的「平行宇宙」，一般人更容易意會到的版本，就是這個五湖四海的社會。但「五湖四海」究竟是表示海闊天空任你遨遊？還是表示水深火熱難以掙脫？其實這就要看自己的視野是在什麼層次了。

成：還有一句話說「一樣米養百樣人」，這不也是在形容平行宇宙嗎？有些人看到一樣米養百樣人，他就覺得自己活路很多，不用害怕；可是如果你只能是一種人、只能吃一種米，那當然就會覺得很受限了。

M：現在很多人的生活，其實就是選擇一口井——自認為安全的井，在裡面當一隻蛙，可是他沒想到，外面的世界是很大的，他是可以成為很不一樣的自己的。平行宇宙就是同時有無數的井存在，而當你這隻蛙開始能夠跳出你的這口井，你就可以去看到別人的井、各式各樣的井。因為你知道這個世界實際上有那麼多井，裡面都有水，你就可以跳進去任何一口，也可以不害怕地跳出去。

那「鬼」呢？鬼就是認為「只有在我這口井裡面，才能夠處理事情」，「所以你要來認同我這口井的作法才對」，他就要把任何接近他的人，統統拖到他的井裡。

成：所以我們聽到的民間故事，鬼常常是住在一口井裡面，而且都會上來把人家拖下去，然後大家就覺得很恐怖，哈哈！這真的很有象徵性，對不對？大家都知道鬼會把人拖下井去，可是都沒想過，鬼為什麼要這麼做？他為什麼不想要「被人家拉出來」呢？原來，他是很主觀地認為，這是為你好呀！哈哈！

M：哈哈，你這麼說打到好多人——的媽媽了。

成：有些人會很強力的去運作，希望他關注的事情都能照他的做、照他的想，希望所有的人都變成聽他的、按照他的步驟來，好像標準答案只有一個。這其實就是在上演一個「鬼在把大家拖到他的井裡面去」的戲碼。

所以很多人說的「安全感」，其實也是那口井，他在那裡面自己覺得又窄又悶，可是又覺得只能蹲在那裡。如果他願意探出頭去，他會發現，原來有好多井喔！那他就看到了五湖四海。

M：最好玩的是，在井裡面的人還一直要告訴別人說，外面很危險，不好玩，會把你淹死！事實上最容易被淹死的就是躲在井裡面的人。如果真的要從安全感的角度說的話，愈看得到很多平行宇宙的人，活路才愈多，愈不會被淹死；而從智慧的角度來說的話，愈看得到不同平行宇宙的人，才能愈自由。對他來說，人生充滿了自由的選擇，沒有那種會被淹死的問題，因為他認為變成怎樣都是OK的，都可以，水淹來這裡，那就是到另一個洞去，就只是這樣而已。

比方說，現在突然戒嚴了，不能講話了，有個人他也許滿腹經國濟世的學問，但他就會在廟裡面掃掃地、插插花，政治人物來了，他就在一旁倒倒水，就這樣子。可是如果到了承平時代，什麼都可以講了，他就會出來講，而且可以講得很精采，啟發眾生。

成：這說得很好，這是一種通達，古聖先賢也是這麼說的。

M：因為時代的轉變是整體的，是大家的「因」與「果」在決定，不是你一個人的「認為」在決定的。每個人出生在哪個國家，其實都有先天的設定。就好像你有一個ＩＰ位址，那麼這個ＩＰ位址先天就已經隸屬於某個範圍之內了，這個「某個範圍」有更上游的設定，不是你可以輕易去更動的。但是你如果智慧成熟的話，也可以人在滾滾紅塵，卻生活得很像閒雲野鶴。

先有自由，再談創造

現在，「信念創造實相」被大家使用的時候，實質上是變成：有一隻青蛙，他想要到某個洞裡面去，所以就想說，要去改變自己的信念。但是，這個青蛙的「想要」，本身是否就是一口井呢？事實上，我們應該提倡「自由創造實相」，而非「信念創造實相」。因為只有你先自由，你創造的無論什麼，才不會變成你的井，你即使在裡面體驗，仍然是自由的，你隨時想離開，都是可以的。

成：對，當人在利用「信念創造實相」時，他常常還是在走向他習慣的那個「坑」，也就是他習慣於去羨慕或憧憬的畫面，可是「變得更開闊」這件事，就被忽略了。例如人類一直想去延緩死亡，就不會看到比延緩死亡更開闊的視野，那就是超越生死的智慧。或者說，一個國家一直在追求經濟數字上的成長，就不會看到幸福跟金錢數字怎麼樣可以脫勾的方法。

M：現在我們又要跳出這個人間的層次了。當你進去那個「都可以」裡面的時候，這裡面「時間」是不存在的，因為任何事物都已經有了，你不需要「時間」去到達、累積或完成；一切早已都有，也實際都沒有。你如果進去這個無限，就不需要「信念創造實相」了。

ch2 超越時空的自由

2014 年 11 月 28 日　于京都・大原の東山

1 時間為何從未「倒退」？

成：雖然說「時間」已經被愛因斯坦的相對論以及後續科學家的實驗，證實了它「非絕對」的性質，但為什麼我們只感覺到時間一直「往前」，而從未「倒退」？例如我們都看過一個掉落的杯子摔得粉碎，卻從沒見過摔得一地的玻璃重新組合成一個玻璃杯。有些科學家的解釋是，宇宙是朝向混亂方向演變的，但如果確實這樣，生物的演化又怎麼解釋？它是從簡單演變到極為精密複雜的結構，真的就好比一地的碎玻璃經過千萬年組合成了一隻酒杯。

M：高靈的訊息說，我們的意識經驗到的動態，其實也是有一個引力在拉，所以看起來才會是我們現在認知的「現實」的流動方式。這個引力的來源，來自於我們的腦子。我們的腦子裡也有個「黑洞」(不是天文學上的黑洞)，這個「黑洞」是靈魂投生於肉體的管道，靈魂從這裡進入，就會投生成具有肉體的生靈，例如就變成一個人了，然後就只能經驗物質世界的物理性法則；可是如果從這個黑洞出去的話，就會來到一個無限的宇宙，在這裡面，所有的「一切」都是存在的，包括所有過去、現在、未來的一切——例如你記憶中的一切，在這裡都是存在著，並沒有成為過去——也就是所有的「平行宇宙」都存在於當下。

成：從這個黑洞出去，就是「一切」，在這個黑洞這端，就是一個小小的人。

M：對，數位的世界是0與1，但宇宙是「無限」與「1」。我們白天經驗的肉體世界是這個「1」，晚上睡眠的時候，是可以回去那個「無限」的，靈魂回去這個無限就像是「回家」，所以醒來以後你會記得很多無厘頭的夢境。佛經說「一切唯心造」，這也就是「無限」的意思，無限就是「都可以」——什麼可能都有。

不過，當你的意識重回無限時，肉體也在無限裡面了，所以為什麼睡覺會讓肉體恢復。

成：肉體為什麼也在無限裡呢？也許意識可以天馬行空，但躺在床上的肉體還是不行吧？

M：「一」是被包括在這個「無限」裡面的，肉體生活也是「無限」裡面的一個夢，所以這個夢裡的身體，事實上精確地來講，它仍然是沒有脫離無限的，它仍然「是」無限的。

成：言之成理，但我們很少看到肉體顯現出無限的特質？

M：對，這就要談到「引力」了。「引力」就是有一個延續力、一個動能在推動，你現在做的這場肉體之夢是有個「引力」在拉動的，所以它也就像是火車有其軌道，不會說變就變，因為這樣，你就會感覺到「時間」，而且「時間」好像一直往一個方向走，無法逆轉。

此外，在你的時間感裡，因為你覺得這一生很漫長，所以肉體就好像變化得很慢，或很難改變似地；可是就「無限」的尺度而言，肉體之夢其實是瞬間就消失，然後瞬間又出現另一個的。所以你每一世的肉體就像泡沫那樣在無限中瞬生瞬滅，又不斷變化，其實它也是很無限的。

2 輪迴的原理——牛頓擺

M：我們要更清楚來解釋這點。「肉體之夢」在「無限」的觀點看來，很像是「牛頓擺」的擺盪狀態（就如下圖）。牛頓擺最右端的球飛起來，就好像出現了一個人的一生之夢；然後當這顆球往回盪，打下來後彷彿靜止了，就是一生結束、消失了，那顆球若比喻為靈魂，它又回到無限了。可是當這右端的球打下來時，在最左端的球便向反方向飛起來了；於是另一次的「一生之夢」又在另一端誕生了出來……就這樣不斷反覆。我們會覺得一個人可以活八、九十歲，好像很長，但是對靈魂而言，就只是一個夢而已，一個很簡單的夢而已。為何說「簡單」？因為相對於「無限」，這個夢的設定是非常集中而局限的。

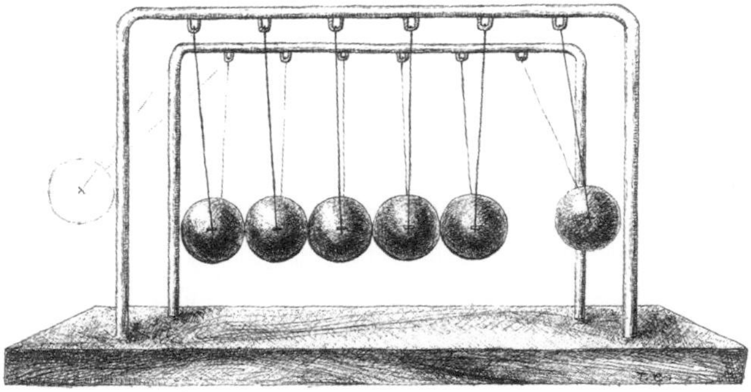

成：難怪《金剛經》會說：「一切有為法，如夢幻泡影，如露亦如電，應作如是觀。」所謂的人生，只不過就像靈魂做了一個瞬間小夢，甚至就好像只是它電光石火間的一個念頭。

M：在科技上我們已經知道，像電子這類微小的粒子，它們同時具有粒子與波的特性。所謂波的特性，就是它們並不是走直線的，它會很奇怪地飄移，所以當你把它們發射出去，它們在一個牆面上的落點是無法精確預知的；然而如果你發射夠多的電子到同一面牆上，並觀察它們的落點，你會發現，這些落點在機率上卻會呈現如同常態分布般的波形，也就是落點在中央的電子還是最多的註。這就表示，它們雖然都不是走直線，可是卻還是有某種「共通性」存在。靈魂投生與電子發射出去的狀況類似，雖然靈魂每次做的小夢都不盡相同，但如果你蒐集起這些小夢來觀察，會發現其內容還是有一個大致的範圍的。

成：這不難理解，就好像每一個人都說自己的夢境雜亂無章、天馬行空，可是如果真的拿來相對照的話，張三的夢與李四的夢相信會有某種「主題式」的不同。例如以生命意境而言，聖嚴法師的夢與鄭捷的夢應該會落在不同的兩大區塊。

M：對，所以靈魂投生的這一次（世）與下一次（世），也不會差很多的，雖然很跳Tone的也有，但是很少很少，百分之九十都是在一個小範圍內的差異而已。如果真的要跳到離現在層次很遠的投生，絕大部分也是需要一個層次、一個層次逐漸地移動過去。

再以「牛頓擺」為比喻，中間那些沒有在動的球比喻為不同空間，那麼最左端的球打下來，使得最右端的球飛起；現在這個活動比喻為「這一世」結束與「下一世」誕生，那麼這個轉世的能量，是可以不需要時間、也沒有空間阻隔地直接轉移的。就好像人類在天文上觀測銀河系的黑洞，認為距離太遙遠，需要很長的時間才能到，但這只是因為，我們所遵循的路徑是我們現在找得到的物質性途徑，否則若進入這個「無限」中，不透過物質路徑，是可以瞬間抵達的。

成：這意思就是說，從「這一世」到「下一世」，等於是瞬間傳輸了「一個人」的訊息碼過去，時間空間完全不是問題，可見能量的傳遞是不受時間和空間限制的，只是我們人類現在還沒有找到這個途徑。所以所謂的「平行宇宙」，它們並非真的是「一片一片」平行排列在那兒，然後，有某些宇宙距離某些宇宙較遠；就像我要做一個唐朝的夢，我並不需要先夢到隋朝，然後才可以進入唐朝。所以剛剛我們說靈魂百分之九十的投生都會在一個範圍內，這個決定因素並非「距離」，而是靈魂自身的「傾向」。

M：沒錯，所有平行宇宙，比較像你到DVD出租店，你想看哪一片你就拿下來看，然後就進去了。真相是「1」與「無限」，而不是「1」與「0」，高靈說這是重點。當你有念，那就是個「1」，就是牛頓擺飛起來了，若你要回到那個無限，不再擺盪成「1」的話，除非一切都放掉。

註

可搜尋維基百科「雙縫實驗」。在量子力學裡，微觀粒子有時會顯示出波動性，有時又會顯示出粒子性，在不同條件下分別表現出波動或粒子的性質，這種量子行為稱為波粒二象性。而「雙縫實驗」證實了，粒子的運動也具有波動性，並且其在螢屏上形成的條紋類似常態分布圖形。

3「重力」就是「業力」

M：我們現在看古時候的人，會很明顯知道，古時候的人生活得比較恐懼，所以才很看重宗教信仰，現在的我們就會覺得，他們不必這樣害怕呀！那麼同樣的，五次元的人看現在的我們，就是像我們在看古代人那樣的感覺，他們也很明白，我們可以不必活得那麼恐懼——但我們現在的社會，仍然是建構在恐懼之上的。

五次元為什麼叫「愛的次元」[註1]？這是一個統稱，是以它的能量特徵去賦予的形容。其實社會上也有少數人跟我們一樣，知道這個社會可以向著五次元發展，可是這個集體的「業」——也就是那個由無知所構成的積習——實在太大了，不是我們簡單可以扭轉。因此，可以的話，我們就是盡量去做好橋樑的角色，幫助與我們有緣的群眾，讓他們能接通這條通向「都可以」的「吸管」（把「1」吸回去「無限」），這條吸管就叫做「五次元意識」。也許這不是近期可以看得出成效的，但未來已經因此悄悄在改變了。

成：就像古代要演化到現代，是需要時間的。

M：但說到「時間」，改變到底需要多少時間呢？這其實跟「重力」是相關的。「重力」究竟是什麼？科學家一直不明白，其實，重力就是那個「物以類聚」的能量，其實就是「業力」，或說種種「因的聚集」。這種「因的聚集」如果改變了，就會改變未來，也就等於改變了「變化所需要的時間」，所以重力是可以改變時間的。

例如網際網路，這是集眾人的智慧產生的，「集眾人智慧」就是一種「因」的聚集，因為是這樣的聚集，你就可以透過電腦，比古人更快速地改變世界。以前如果要靠你一個人單打獨鬥去改變世界，幾乎是不可能的，可是現在在電腦的互聯網中，你的一個創意真的可以很快造成很多事情的不同。所以因為這個聚集，許多事情發生所需的時間不同了，甚至無法發生的事變得能夠發生，這就是不同的「重力」——即不同的聚集，使得事情發生的時間縮短或延長，或發生的事情產生改變，「業力」就是這個意思。

再例如，以前你要去匯款，一定要親自跑趟銀行，還要填寫匯款單，攜帶印章存摺等等；可是現在你不用離開辦公室座位，用滑鼠點一點就完成了。原因是什麼？是因為有電腦網路。那麼電腦網路是怎麼來的？就是有很多人的心念想要去往這個方向發明、發展，他們就會透過思想的聚集、交流，到後來形成一種物質架構出來；這就像太空中一團氣體，每個分子都有它的重力，一直互相凝聚、把四面八方的資源拉進來，漸漸形成了一個星球，在這個星球的重力架構裡，事情的運行就會有在這種架構裡所需要的「時間」，所以說「重力」是與「時間」相關的。

如果一個地方因為利益聚集，卻彼此不夠信任，這種型態的聚集，那裡的時間就會比較慢，因為每個人為了防範別人、為了保護自己，大家堆疊出來的制度、通路，就會讓一件簡單的事變得很麻煩，也會讓一些真正造福大家的創意一直無法實行，所以這個地方的進步就會變得緩慢。在佛教用語裡面就會說，這就是這裡的人「惡業」聚集得比較多，因此好事就會發生得慢，壞事就會常常發生。

反過來，「善業」又是什麼意思呢？善業聚集得多，就是生活在一個彼此更緊密地互相照顧、彼此更有愛的環境裡，那麼做任何事情，效率都比較高，做起來也比較輕鬆。譬如哪個地方發生天災了，大家的捐款或是救援就會非常迅速，且有效地抵達需要的人的手裡，而不會中途被剝削，或被不妥當的分配。電腦網路也是因為人類愈來愈頻繁地交流智慧與技術，無數人不藏私地把很多東西都放上網路，我們才能擁有更迅速的知識吸收能力。

更緊密的連結就能形成更大的「能」，這個就是所謂的能量，這個能量比古時候更大，我們做事情所需要的時間就會比古人短；用另一個角度說，同一段時間，我們就能夠處理比古人更多的事情，那麼也因為如此，我們的創造發明、改變環境的速度和數量，也會比古人更快與更多。所以「能量」愈大，改變就愈不需要「時間」。

成：如果看歷史的話，人類文明發生較大進步的間隔時間，確實愈縮愈短，所以在《理念崛起》這本書裡[註2]高靈甚至說，第四次人類文明的大蛻變，其實現在已經開始了，還很具體的告訴我們未來二十年的趨勢，以及個人競爭力的關鍵字。這個趨勢之所以如此，就跟我們現在說的道理是一樣的：未來網際網路的發展，還會讓人類比現在更密切的聯繫在一起，所以社會翻盤的時間，會比人們意料得還短。

在收到《理念崛起》這本書的訊息之前，我從未把政治權力的結構性改變與網際網路聯想在一起，可是高靈在二〇一四年五月份給了我們《理念崛起》的訊息以後，真的在當年年底的市長選舉當中，就非常具體地體現了書裡面告訴我們的概念了。

所以做個歸納，文明的「能力」，是與人類彼此連結的緊密度成統計學上的「正相關」的，連結愈緊密，智慧與能力就愈快提升，也愈高，因此，想達成或改變一件事的時間就愈來愈短。所以人類以什麼樣的方式「聚集」——也就是這個「重力」，是會影響自己在其中運行所感覺到的「時間」的。因此，「時間」的本質，只是「重力」衍生出來的一種特徵，並沒有它不變的自體。

M：對，那麼這個「重力」，用更生活化的語彙去說的話，其實就是「習慣」，「時間」其實是你的習慣去累積出來的。

註

1 請參考《奉獻》一書 P.86 ~ P.99

2《理念崛起》一書，章成、M．FAN 著，商周出版，二〇一四年八月發行。

4 時間的祕密——時間是習慣的累積

M：訊息說，在有重力場的物理環境下所建立的通訊方式，無論透過電波或電流，都會需要時間，也就是傳訊與收訊之間會有時間差，但是事實上通訊可以沒有時間差，是可以同時「感應的」，宇宙間本來就是可以這樣傳遞訊息。例如你以為一定要電線才能傳輸電流，讓電子在電線裡頭跑，可是沒有電線也可以輸送電流的。

成：高靈說，通訊其實不需要時間，可以沒有時間差，這在量子力學的世界已經被實際觀察到一個例證，並且已經進入應用階段。那就是「量子糾纏」[註1]，目前科學家證實了有這個現象，卻還不知其所以然，不過已經開始應用「量子糾纏」，來研發隔空複製微小粒子的量子科技了。這個隔空的複製沒有任何傳輸線路，在實驗室裡只憑著「量子糾纏」現象，就可以在相隔著八十幾海哩之外的另一座實驗室那兒同步製造出想要的粒子[註2]。

M：微波透過電子傳遞的話，就變慢了，再加上接受器接收到以後需要解譯，又慢了一點點，一道一道程序每一道慢一點點，最後你就會感覺到時間的「delay」（例如衛星連線時，我們看到主播台和現場記者間對話的延遲）。可以再這麼解釋：你動一個意念，事實上整個宇宙立刻都知道，是沒有時間差的。可是如果你要把這個意念透過大腦轉譯成語言，再把語言透過說話，藉空氣傳遞進手機，手機再轉譯成電子訊號，再將電子訊號透過電波傳送，再透過另一台手機去接收，最後轉譯成震動的聲波，又被另一個人聽到再轉譯為心念……要走這個途徑的話，就要花時間了。所以這純粹是技術問題，如果技術更好的話，傳輸訊息是可以不需要時間的；技術如果更好的話，連「電波」也不會delay。

成：所以「通訊」本來是可以不需要時間的，比如說我現在要跟你講話，如果我不需要用「話」的話（不需要用發聲，透過空氣傳導聲波的方式），用心電感應，就不需要時間了，空間也不是問題了，我也不需要拿手機。

M：甚至未來的人也可以跟現在的你發生心電感應，或是現在的你也可以跟過去的你心電感應。為什麼「心電感應」可以不受空間與時間的限制？這就暗示著，時間與空間是假的。

所以真相是：平常在你講話之前，「心電」早就有了，心電也早就通了，沒有延遲的問題。訊息說，現在講這個的重點，是要講「沒有時間」，「時間」其實是我們的一個一個習慣去累積（耽誤）出來的，這跟「頭腦」有點像。愈高度的文明，會讓他們造成「delay」的習慣就愈少。

成：就像同一件事，沒效率的政府十幾年都做不好，他會告訴你，這個行不通、那個也要從長計議，好像事情本身就是需要這些時間。可是換有效率的政府一上台，三年就可能做好了。如果仔細去檢視，為什麼之前的政府一件事可以拖那麼久？你會發現，是因為每一個環節都非常的荒謬鬆散，或充滿利益衝突，才會變成這樣的。所以一件事情完成的「時間」，是跟「頭腦」有關的，頭腦愈清楚，時間愈短。

M：所以現在社會的狀況，是取決於現在大多數人的心智品質，大多數人如果頭腦愈清楚，壞的東西一定淘汰得愈快。再講回來，手錶上的時間只是大家共同約定去計算一種物質震動的次數，把這個次數叫做「時間」而已，雖然你可以有一個約定出來的「格林威治時間」，但實際上，萬事萬物的變換「所需的時間」是沒有標準的，它們甚至可以不需要時間，這就是現在要談的重點。

成：明白這個，人就會打破時間的框架。就世俗來說，你的創造力便會功力大增；就靈性來說，你就會更清楚，為什麼「智慧」是這麼重要。

註

1 可搜尋維基百科「量子糾纏」。

2 可搜尋 YouTube 影片「超乎想像的宇宙3：量子躍遷（720p）The Fabric of the Cosmos 3: Quantum Leap」，從27分開始觀看。

5 智慧愈高的人，時間愈多

M：譬如人的知識成長，是不是都要經過念小學、中學、大學……依照這個順序才行呢？你會發現，有的人可以在中學的時候就直接跳到大學、甚至直接攻讀博士，我們一般會說因為他的「IQ」很高，但事實上就是，他在這個部分的「能量」特別強。或許他在其他部分能量是很弱的，但在這個特別強的部分，就能夠比別人「更不需要時間」。人能量特別強的部分，反應就特別快，連結能力也特別快，甚至是在他基因的「記憶卡」裡，這個部分就已經儲存有相關的知識了，所以他在學習的時候，雖然也需要累積，但累積的速度比人家快很多，所謂「天才」就是這個原理。

所以如果你把「格林威治時間」拿掉的話，看事情會看得比較清楚。在宇宙的「都可以」裡面，「時間」不是一個定數，事情的發生跟時間沒有關係。希望大家把心中用「時間是作為一種決定生命發展的參數」來想的信念拿掉，這樣你才更能夠清楚和自由。

從某種角度來講，當你拿掉「時間限制」，你就不會認為人生不公平，譬如為什麼有的人鋼琴才學一年就彈那麼好等等，因為在宇宙裡，根本沒有規定說，做一件事一定要多少時間。

所以，如果我們再換句話說：「有一個人活到二十四歲，有一個人活到六十歲，還有一個人活到八十歲，但是就生命來講是一樣的。」這樣能夠瞭解嗎？如果你能夠瞭解，那你已經得到人生中一個很重要的小開悟了。

當然你如果看手錶的話，如果你以外在的月曆來衡量的話，他們得到的時間是不一樣的。可是「時間」又是什麼呢？它又不能拿來啃。你一定是認為，時間長的那個人，他獲得的生命體驗是比較多的，他的生命視野是比較多的，他享受過的事物是比較多的，是嗎？所以你才會惋惜一個只活了二十四歲的生命。你一定是預設了「時間長的人可以在人生裡塞進比較多的東西」，那麼，就剛剛我們所說的，相信你已經明白，這是個錯誤的預設了。

成：不管活幾歲，那就是一個「一生」，在裡面你能擴展多少視野，享受多少豐盛，完全

不必計較年月，大家其實機會都一樣。有的人活到八十歲了，還在怨說：「我這一輩子都還沒好好享受過。」那完全就像「一個十歲小孩死了，我們在替他不甘心」是一樣的。可是你已經活到八十歲了耶，那中間的七十年你在幹什麼？

M：高靈說，比如愛因斯坦活了七十六歲，但是在這七十六年中，他「塞進去」這段生命的能量，可能等於一般人活了四百歲的能量……相當於別人好幾十世的能量。所以你如果把時間觀念拿掉的話，就只是每個人能量運轉方式不一樣而已，而這都是公平的。重點是這句話：「都是公平的。」

像你剛剛說的，有的人活到八十歲，還在感嘆自己都沒有好好享受，那麼事實上他的一生是「活得很少的」！他真的會覺得很短、很不甘心、一下子就要結束了。可是如果你一直成長，一直清楚，那麼即使你才活到四十歲，就比他的八十歲要豐富太多太多了，就算在這時候結束這一生，其實也比那個八十歲的老人「活得更多」。

我們在二〇〇五年曾經傳遞過一個重要的訊息：「時間等於能量」（請參閱《與佛對話》一書的第九課），我們也預告說，這個觀念將會成為未來世界很重要的概念之一，在這裡就可以解密了。「時間等於能量」裡面講的「時間」，不是格林威治的時間，而是我們現在說的這種能量上的時間。當一個人智慧愈高，他的「時間」是愈多的。就宇宙與生命的真相而言，真正重要的根本不是手錶上的時間，而是能量上的時間；當你的能量愈大（也就是智慧愈高），你愈能體驗到那個「都可以」，你就愈不會活在時間限制裡面。

成：今天這個訊息太棒了，終於讓我也「解密」了一件事。大學的時候我讀過《法華經》[註1]，這部經典在佛教中的位階非常高，被歸類為佛經中的「了義經」；屬於「一乘圓教」，意思就是它談的是最究竟圓滿的佛法。據說佛陀說這部經典的時間，也是在他晚年弘法的最後一段時期說的，因為內容圓滿究竟，被譽為「經中之王」。

那時候我滿懷著虔敬，但也實在很好奇地就去把它讀完了，而且讀了三遍，可是看了以後我非常驚訝，因為裡面一直在說故事，卻幾乎沒有用文字語言直接說出什麼「無上甚深密法」。結果我看到最後一個字之後，除了覺得裡面的故事真的很顛覆性之外，卻沒有領會到什麼。

在這部經典裡面，佛陀說了好多令人難以理解的奇怪故事，以至於好幾次，講座上甚至有許多已經證得不同果位的弟子，還因為無法相信而集體退席，在經文裡面真的就有這樣的描述。那到底這些故事奇怪在哪裡呢？簡單說，就是顛覆了我們對「時間」和「空間」的概念，所以讓人難以理解，可是佛陀並沒有去解釋它，只是說，就是這樣，我說的是事實。

舉一個《法華經》裡面很具代表性的例子，就是「龍女八歲成佛」註2。這個事情大概是這樣的：在佛陀宣說《法華經》的會場上，佛陀說到了一個段落以後，有一位智積菩薩，他就問文殊師利菩薩說：「佛陀今天說的法這麼微妙深奧，如果有人很努力依照這部經修行，是不是能很快成佛呢？」

文殊師利菩薩聽了就回答說：「海中龍宮裡有一位龍女，她現在才八歲，之前我在海裡宣說這部經典的奧義，她聽完了這部經之後，就立刻達到了接近成佛的修行位階了。」

智積菩薩聽了就搖搖頭，說他實在無法相信。他接下來說的話，只要是一般學佛的修行人都會覺得很有道理。他說，就是連現在坐在這裡宣說這部《法華經》的釋迦牟尼佛，也是歷經了無量劫（就是屬不清的幾千億萬年）的精進修行、未曾中斷，最後才成佛的，實在無法相信，一個八歲的小孩一下子就可以這樣接近成佛階段。其實他的意思就是覺得，文殊師利菩薩你雖然非常推崇這部經典，但是也講得太誇張了吧！

這時候佛陀十大弟子之一的舍利弗也忍不住附和了。他大概是說，成佛的道路是如此漫長遙遠，連佛陀都是這樣地在無量劫的時間裡面勤苦修行，不斷地在生生世世裡面為眾生捨身、積累功德，最後才能圓滿成就的。況且佛陀以前也有說，女人有五種障礙，連梵天王、魔王這些都做不成，怎麼可能做佛呢？

可是就在這時，那個八歲龍女突然出現在大家面前，手裡拿了一個寶珠，獻給了佛陀，佛陀拿了去，然後龍女就對舍利弗說：「你看我獻上寶珠，而佛陀接受，所花的時間算不算短呢？」舍利弗說：「嗯，很短。」龍女就說：「你現在注意看，我就要成佛了，時間比那還短喔！」說完大家看到龍女就好像影片快轉，啪啪啪忽然轉變成男兒身，啪啪啪完備了菩薩的所有修行，然後跑到了南方的無垢世界，在那裡一瞬間坐在蓮花上，具足了成佛的各種外顯的特徵（三十二相、八十種隨行好），而且立刻在那裡為四面八方的眾生開示佛法，而那些眾生都得到了很大的益處，甚至紛紛有了不同程度的開悟和成道，而這一切的顯像就只在彈指之間。

這個故事的最後就描述說，大家看到這個景象都大為震撼，智積菩薩、舍利弗以及現場許多聽眾就沉默下來，相信了文殊師利菩薩說的話了。

現在我終於知道這段經文是在講什麼了。一件事情的快和慢，沒有「必須」多少時間，智慧愈高，就愈不需要時間。所以人要活多久才能達到滿足？這則是建立在錯誤認知上的問題，其實，時間長短是無關緊要的。

再延伸去想，人與人之間的心意互通究竟需要多少時間？一個仇恨要化解，究竟需要多少時間？要生生世世，還是一瞬間？「都可以」的。如果真的能夠開始在生活中去體悟這個道理，就能夠漸漸打破「擔心時間不夠」的焦慮感，而變得更開悟。

M：對。你知道高靈給了我一個很有趣的訊息嗎？祂說，你最近一次的演講，在場聆聽的人，所有人加起來，一共減少了他們七百五十萬次的輪迴。

成：天啊！聽到這個，我不知道要說什麼……這話要是在以前說的話，我可能也要退席了。但現在我想我可以接受這個概念，只是，這種事也可以這樣計算出來嗎？

M：可以的，高靈說，數字當然只是一個大約，但主要意思是說：就如同你剛剛講的《法華經》的故事，你去聽一場很有智慧的演講，是可以縮短這麼多生命的重複性的，它的利益遠遠超過人們的想像。就算只是聽到一句讓你突然打破之前盲點的話，或是一個讓你的人生拼圖突然拼起來的道理，乍看之下好像人生還沒有太大不同，但實際上你的智慧已經提升，因而縮短了在同一個命運層次繼續打轉的時間，這縮短掉的時間其實非常驚人，幾乎是可以用幾萬、幾千世的輪迴去計算的。

高靈現在還給我另一個訊息，你那天的演講，我不知道你是講什麼？但是祂說有一個聽眾，因為聽了那場演講，在他這一世結束以後，他的靈魂重回「無限」時，將會對這個無限只剩下很少的抗拒；所以他的下一世在肉身裡，會帶著對這個「無限」更清楚的記憶，很快就會開悟，並且穩定地向著這個進入「都可以」的大覺醒的路去走，不會再反反覆覆了。也就是說，他很快就要完全脫離輪迴了。

成：可是我那天的演講，講得幾乎都是《理念崛起》這本書中的概念，是非常入世的東西，因為 Jimmy 先生（《重新定義神》一書譯者）希望我為《重新定義神》註3 那本書做導讀，那本書是在講新靈性怎樣運用在現實社會裡面，所以我講的幾乎都是很實際的東西呢註4！

M：我不知道，高靈沒有給我更細節的訊息，但訊息的意思就是說：事實上有人就是剛好在某個關卡上不去，可是他在別的地方沒有遇到有人能開示他，剛好那天他聽到你講的東西，他就過關了。這個過關會對他這一世日後的修行非常有幫助，讓他能夠進展到開悟的邊緣。

喔，現在又有訊息了。其實「脫離輪迴」這種程度的開悟，反而是跟「入世」這部分的成熟度很有關係。有的人雖然有一定程度的開悟，可是入世的東西搞不清楚，他就上不去，會被這些東西拉下來，在裡面搞很久的。

註

1 《法華經》的全名為《妙法蓮華經》。

2 這個故事的原文，出自《法華經卷四．提婆達多品》第十二。

3 本書為《與神對話》系列之作者 Neale D.Walsch 所著，原著書名為《明日之神》。

4 該次演講內容可搜尋 YouTube「重新定義神 章成」第二、三、四段影片。

6 空間的祕密——活在當下，會創造一個永恆空間

M：訊息說「時間」的主題講完了，現在要講「空間」。這個部分一開始在談「平行宇宙」的時候，其實已經提到了。你到一個地方去玩，若有充分地在那個當下感受、享受，將經驗變得深刻的話，這就是「吸收得比較多」。那麼你會發現，回來以後，在任何時候，當你想要轉換心境時，你會很容易在內心裡回憶出那個空間。雖然人們會以為那只是個回憶，但其實那是個「永恆的平行宇宙」，它確實是存在的。如果你遊玩的時候只是走馬看花的話，你就比較沒有能力重新進入那個平行宇宙，你就無法瞬間轉換你的心境。

成：確實，比如我們在台東都蘭山上建造無鄰菴的時候，因為那裡的夜晚對我而言太深刻了，所以雖然已經離開多年，但我隨時都能進去那一刻，重新感受到山中夜晚的靜謐，感受到空氣的清涼，以及滿天星斗伴著蟲鳴的那種美麗。去年夏天我們辦阿里山梅爾達大自然工作坊，回來以後也有學員就在臉書上說，在山上做冥想給她好深刻的印象，雖然回到城市以後立刻就得投入繁忙的工作行程，可是只要隨時一個空檔，她只要一憶念，那個阿

里山森林的情境就整個出現了，她真的立刻感到身心舒暢。她說，以前要冥想大自然，都沒有辦法那麼快速地進入狀況，現在卻能一下子就切換場景，身歷其境。這就是不走馬看花，深刻地處在當下，才能夠開始意識到這個連結的能力。

M：訊息說，所以「覺」是很重要的，因為「覺」就是能夠超越時間與空間的東西，那就是我們的靈魂。可是「頭腦」會讓這個「覺」鈍化，然後它就會意識不到這些。頭腦的輪迴模式就像一個輪胎，它只會往前一直滾、一直滾，卻永遠是那麼小一個輪胎，不會變大；也就是說，沒有「覺」的人，他不管滾多遠、滾到哪裡，永遠會待在同樣小的格局裡面轉動，那麼這個滾動其實就只是重複而已，等於他哪裡也沒去。

成：比如說他做這個職位的時候，想的事情就是怎樣抓住好康、排擠別人；換到另個職位的時候，想的事情還是這些，於是即便他工作了一輩子、轉換了多少工作階層，他內在的格局就一直這麼大，一點也沒變，對工作的體驗，也只有賺到錢才有快樂。

M：對，就算有變化，也很微小，就像輪胎只是有時大一點、有時小一點。可是如果是開悟的話，他可以隨時不要那個 size 的輪胎，直接換一個更大的，這是可以非線性的。

7 任何一個地方的「空間」都是無止盡的

成：空間也是非線性的，古人說「一沙一世界」，就是這個意思。比如說我們這十年來，出國旅行幾乎只到京都這一個地方，曾經我看到別人一下子去歐洲、一下子去南美、一下子去這裡或那裡，我也曾疑問自己，我會不會太過局限了？是不是也應該去增廣見聞，看看其他的地方？可是問題是，我雖然去了二十幾次京都，可是每次依然都有新的發現和體會，我的心確實沒有感覺膩，總是還想再去，甚至想停留在那裡的時間愈來愈長。

於是我開始去思索這個有關旅行的迷惑。後來我才領悟過來，原來這是因為，我對於「空間」的計算，是用地理面積上的多寡來衡量，才會覺得我都「只去同一個地方」、「只在同一個地方」。其實如果每次都有不同的發現，就等同於進去了不同的空間。

例如對很多人來講，京都就是清水寺、金閣寺、銀閣寺……然後其他看起來就都差不多，都一樣是廟。可是對我而言，我卻看到了很多的差別、很多的不同。例如春夏秋冬景致不同，就已經有四個清水寺；寺院中還有許多庭園的角落、建築、襖繪……訴說著數百年來不同的人文變化；寺院之外還有無數小巷、咖啡館、料亭……呈現了數不清的巧思。所以光是一個清水寺及其周邊，我雖然已經經過好幾年、好多次的漫遊，卻仍然一再有新的發現、有新的理解。只一座寺廟就如此，遑論整個京都，所以京都對我而言，是非常深廣的地方，我一直走不完。

因此我瞭解了一件事：當一個人說「某某地方我去過了」，那個意思其實是「相對於我對它的覺察程度，我去過了我所能覺察到的部分」。以京都而言，隨著我每次回到台灣，就開始閱讀更多京都相關的旅遊、人文、建築、歷史等等的書籍，下一回去的時候，總能夠發現和意會到以前所沒有覺察的事物。但給我更大驚訝的是，隨著自己人生智慧提升，我多出很多內在視野去覺察出前所未見的京都，把好多過去看過、卻沒有覺察其意義的東西，覺察了出來。那個時候真的會覺得，一個原本對我而言藏得更深的京都，就像隱形城堡突然浮現了，所以我開始明白，一個地方所含藏的「空間」是無盡的。

M：對，所以每一個地理上的有限空間，也同時是「無限」的。訊息說，如果你的智慧是高的，光是在一個小庭院，你就能悟到整個宇宙。每一個地方就像記憶體那樣，儲存了無限的內涵，你能連上去下載的話，它能讓你玩味、吸收的東西是無盡的，這也是一種「都可以」喔。

武俠小說裡不是有一種情節嗎？一個大師在一個時辰內將八十年的功力傳到主角身上，也就是說，主角可以瞬間「比別人多出八十年」。因此你「生命」的長短與寬廣度，是在於你的「吸收力」，而不是在於「時間」或「空間」。懂得這個道理，就會開始破除對時間限制與空間限制的信念了。

成：這讓我又聯想起《維摩詰經》很有名的句子「須彌納芥子，芥子納須彌」。須彌山是佛教裡用來比喻極為巨大的事物，而芥子則是個植物的小種子。須彌山可以容納芥子，這很容易接受，可是一顆芥子，為什麼可以容納須彌山呢？這就顛覆了我們對空間的絕對性認知。然而今天我們談了空間與時間之後，就已經可以瞭解這個了。

ch3 開悟與虹光身

2014 年 12 月 1 日　于京都 · 永觀堂

M：今天的主題是「開悟」與「虹光身」。

成：「虹光身」是一種修行後發生的稀有狀況，來自藏傳佛教，據說是透過某種修行，一個人的身體能夠整個光化，最後消失不見，離開了輪迴。盧貝松在二〇一四年出品的電影《Lucy》（中文譯名：露西），使用了類似的概念。在電影最後，女主角的腦力開發達到百分之百的時候，觀眾都在期待著會發生什麼事……結果是她整個人消失了。當場目睹這一切的人驚訝地問：「Lucy 呢？」飾演教授的摩根・費里曼意味深長地說出了電影的最後一句台詞：「她無所不在了。」

當時我看到這樣的電影結尾，深感震撼，觸動了我內在很深的直覺：我認為我知道它的意思，它是真的，但是竟然有人把它演出來了。

M：虹光身是與脫離輪迴的開悟有關的，而這是屬於這本書的範疇，所以高靈要來談它。

生活中的小開悟，會讓你的負面情緒一個一個拿掉，包括所謂的癌症，都可以清除掉；反過來生活中很多結一直沒打開，情緒一直重複累積，到後來就容易產生各種病變。所謂「生活中的小開悟」就是指，你的很多觀念愈來愈鬆開。

成：那麼所謂的「虹光身」，就是一個人也可以開悟到所有東西都釋放了，他什麼都不需要了，連身體的每一個細胞都可以不需要，對嗎？

M：對，例如有一些經營大企業的人很執著於自己的想要，企業就是他物質身體的擴張，所以他的狀況跟「虹光身」剛好相反，是一直吸納。

成：一個是釋放，一個是吸納，恰好相反。我們來這個世界上都是因為有個「念」，有個「願」，所以我們就會「吸納」出一個身體，讓我們去doing something，來繼續「得到」東西。

M：所以你去看，很多因為自我愈來愈大，所以版圖愈做愈大的企業，對地球生態、對人群幸福的發展反而是有殺傷力，而不是有所貢獻的；例如那些做黑心食品的企業，或是炒房的人，他們愈難翻身，愈難超脫輪迴。

成：一直想要擴張版圖的人，其實就是執念比別人更深的人。一般人可能覺得只要身體健康、家人平安、不虞匱乏就好了，但他要得更多，他其實是更看不開的。

M：這些很有擴張版圖欲望的人，一開始也覺得，自己只是在發展自己的才能、實現自己的夢想；可是當他一直想要再壯大自己的時候，逐漸就開始用掠奪的了，只不過那時候他也更懂得如何去包裝自己的形象，讓別人看不出來。有過社會歷練的人，就會知道我們在說什麼。

成：可是「開悟」剛好是相反的，它是一直放、一直放，放到最後，連細胞都可以釋放掉、燃燒掉，才會有所謂的虹光身。可是事實上，當開悟的人釋放了一切，他是回到了無限——那個「都可以」，從那裡看這個世界，我們手裡緊握的，根本是個極為狹小的「1」。但是為什麼一個人釋放到連細胞層次的自我都可以放掉時，會有這種「光化」的物理現象？這是一種燃燒嗎？

M：虹光身是脫離輪迴層次的開悟所帶來的外在表現，所以我們現在要先談這個開悟的內涵，然後才能解釋虹光身。

1∞ 脫離輪迴的開悟，像什麼？

M：想像有一面平靜的湖水，忽然有一個念頭，就像小石子一樣投入了水中，於是漣漪就向外擴散；接著當漣漪碰到了湖岸以及各種湖中的事物，有許多漣漪便又生成，互相交錯、碰撞、反射，又形成更複雜的交錯。這些後來生成的漣漪雖然沒有第一個那麼大，數量卻愈來愈多，波紋也愈來愈細。最初的漣漪本來只是一個向外擴散的圈，可是後來就變成了億萬個圈在交錯波動著，但這波動卻愈來愈細緻，這個愈來愈細緻化的狀況，就叫做「智慧的增加」。於是當你巨觀地審視湖水，你會覺得它又恢復了平靜，但實際上，它已然經歷過了極為複雜的交織與交集的歷程。所以當它重新成為平靜的時候，這個平靜就是「我知道」，就是我們講的「智慧」。

當你又回到這個平靜時，事實上你已經是不一樣的，你是「知道的」。當你還沒有來到這個境地的時候，因為恐懼或貪念，碰到別的漣漪來時，你就會高興、害怕、自我緊縮等等，內心起伏很大；然而你的所作所為，只是激起更大的漣漪。可是有智慧的靈魂置身在萬有中，他的波動會漸漸趨於沒有。

我們任何人，其實就是在宇宙的漣漪裡面，如果沒有智慧，所作所為就會讓漣漪愈來愈大；如果有智慧，漣漪到你這裡就會趨於平靜。

所謂的開悟者，就是將要離開這面湖水的人；可是所謂「追求開悟的人」，就會一直留在湖水裡面。因為「開悟」並不是用追求的，而是當你愈有智慧能夠「看得到」周遭的一切，你就愈平靜、愈開悟，最後才能從這個地球轉出去。

2 地球教室的真相——迴圈般的錯視樓梯

一九九〇後出生人類的特質

M：現在二十幾歲以下的這批年輕人（約一九九〇年後出生）與之前的世代是不一樣的，他們的節奏比較明快，而之前的世代，情感比較黏滯，人與人之間比較喜歡黏在一起互相取暖。舉例而言，之前的世代講事情就會娓娓道來，希望先感覺到你的聆聽和陪伴，這樣他才會對你有信任；有了信任以後，他的內心才比較有空間去聽你講你的看法，然後他才能從中去吸收學習。可是二十幾歲以下的這一代，他們在基因裡，先天帶來的就是比較廣闊的知識，而且他們從小就已經生活在網路世界裡面，所以他們很會抓重點。他對你是友善的，但並不想跟你「搏感情」，有什麼事，他希望你能講重點就好了，不要浪費他的時間。

成：他們比較明快。

M：很多人以為他們心浮氣躁，但他們不是，他們只是早就可以感覺到你要幹嘛，所以希望你講重點，好讓他們可以快速去核對他們心中感覺到的，然後該怎麼辦就怎麼辦。比如說，你跟家人吵架，心裡受傷了，你跑來找他娓娓道來，先說以前曾經如何如何，後來又如何如何，誰說了什麼話，然後誰又說了什麼等等，你會覺得「我要一點一點說給你聽，這樣你才會瞭解」。可是實際上，他可能一看到你出場，講沒兩句話，他就知道你受傷了，也大概知道你受傷在哪裡，他希望你直接把你受傷的點講出來，然後直接告訴他你想要他做什麼，能做的他們就會做，不能做的就會告訴你不能做，他們是希望這樣。

成：也就是，他們相對於上一代，瞭解狀況的能力是更迅速的。

M：對，未來的世代是很能夠抓重點的，但是「情」的這一塊就比較沒感覺。

此外像我們這個世代（五、六年級生），就是屬於「夢想」和「相信」的世代。「相信」這兩個字對我們很重要，我們覺得要有夢想，然後要有信念去實現，所以五、六年級這一代很多的文化語言都座落在這一塊。然而九年級之後的新一代，他們不是現實，而是對事實看得比上一代更清楚，所以他們會變成該做什麼就去做，比較不會太過浪漫、不切實際地去夢想或堅持什麼。比如說他們看待「多元成家」，會覺得是很簡單、很容易理解的訴求，他們會就實際的需要去看，而沒有預存不可討論的神主牌式的價值觀。

因此以後分眾文化會變得更明顯，社會會變成非常多元，不再有什麼大眾媒體可以主導流行或形塑價值觀。新的世代比較務實，不太浪漫，但他們的務實不是現實，因為他們的心是熱的，是對生命本身有熱情的，所謂對生命有熱情的反應之一，正是「你不要浪費我的時間」。所以，正因為如此，他們會做到我們這個世代的有識之士一直覺得正確、卻做不到的事情。

成：「不喜歡大家黏在一起，該做的事不做，這看似沒有『人情』，可是才是對『生命』真的有熱情」，這觀點真是提神醒腦。照這樣推想，既然他們比較不需要去「取暖」，那相對於以前的世代，應該也比較不需要去「崇拜」了。

M：沒錯，他們會認為，你覺得想做的就去做，做了也不用覺得你有多偉大、有多大貢獻，為什麼呢？因為他們認為，你不做也有別人會做。然後如果你不做，就下台，不要占著那個位置，占著毛坑不拉屎。這個世代就是這樣，他不會去說你是好人壞人，他會認為你如果不適合、或不想做，那沒關係，就下來換別人做，你就去做你真的適合的、想做的事就好。老一輩的人可能會覺得，你們很無情，我做了一輩子、貢獻那麼多等等，內心有很多OS。可是他們的反應會是：那不就是你自己的選擇嗎？你只是在自我滿足而已。

此外，譬如以前的人如果股票慘賠，很可能就會想跳樓，覺得失去這些錢以後別人會看不起我、人生等於一敗塗地等等。這是因為以前的人把自己活得很緊，緊了之後就容易只看一個點、鑽牛角尖。可是新世代的這一輩就比較不會這樣反應，他們會說：「錢又不是一切，人生還有很多別的事情啊！幹嘛要看得那麼重？」等等。也許老一輩的人認為，那是因為他們沒有貧窮過、吃過苦，然而新的世代即便身處亂世或戰火中，他們還是會這樣想的，因為這一批來投生地球的靈魂，他們的基因就是傾向於這樣。

人類文明，恆常在兩極之間擺盪

現在重點來了，也許因此你會覺得，新的世代確實比舊的好，然而這只是像太極一樣，物極必反，它只是過去的模式發展到了非常不平衡的時候，自然會往反方向去平衡的一個現象而已。

就像一個發條，你把它一直往一個方向旋轉，它所累積的反彈扭力也就愈強，到了一個最緊的點，發條就必須反彈了。那麼，當你看到它在反彈的時候，起初階段會感受到它在放鬆；然而在地球上，當你鬆開到一個程度，又會想要緊。

例如接下來的世代開始想要放鬆、想要各過各的，然而因為人就是有「自我」的，所以放鬆到一個程度，也許經過了幾百年，人們又會發現社會的發展又失衡了，不能繼續下去，又想要開始變積極、變統一，於是，想要往這個方向體驗與學習的靈魂，就又會紛紛投生到地球上來。

成：所以地球是一個不斷從這一極擺盪到那一極的場域，雖然不同時期的文明有不同的外貌，但這種擺盪的本質都是一樣的。在這個擺盪之間，人如果想要的話，就可以在其中得到學習，最終的學習是明白到：這個擺盪的真相，其實是個迴圈。

M：對，人如果在乎的是外在世界的「興」「衰」與「好」「壞」，或內在價值觀的「對」「錯」與「真」「假」，那麼就不能了悟這個道理。他會困在這個迴圈裡面，重複地來投生於地球，因為他會把自己陷在永遠的「修正」活動中。

這就是「太極圖」的狀態，「頭腦」（地球人的心智）的運動就是一個太極，會不斷地物極必反。就像有一個錯視樓梯的圖所象徵的意義，你一直覺得自己在「上樓」與「前進」，可是其實是永無止盡地在繞著圈。因為它是個迴圈，其實你並沒有真正的「上去」或「下來」。（如下圖）

3 何時人會從地球層級的功課畢業？

那麼，一個人在什麼時候會離開這個地球教室？當一個人在這個迴圈裡面旋轉的時候，他開始去「看」，而不是一直心存嚮往地往前走；當他看得愈來愈多、愈來愈遠、愈來愈深刻，自己原先不清楚的地方看得愈來愈清楚時，他會開始看到這整個迴圈，然後他的心就會開悟了。這就是一開始我們講的那個湖水的比喻：他在自己的行動與追尋所激起的各種人世間的交織漣漪裡面，去看清楚愈來愈多事情，於是他的心就會愈來愈變成一種「知道」的狀態，那麼這樣的人就愈有機會離開這個地球教室。

成：當他愈來愈明白人世間是個「圓」，根本沒有往上或往下的時候，他就變成「知道了」。他所經歷的所有漣漪，構成了湖面中的細紋，這就是他的智慧，而湖水則愈趨於平靜。

M：湖水看似重回平靜，但裡面卻是千百億的細紋所構成，這千百億的細紋都是非常小的漣漪，弦理論裡面的「弦」，指的就是這個「波」。

當一個人愈來愈有智慧，他就不會想要去擴大那個「波」了，所以那個「弦」的震動就會愈來愈細微、愈來愈安定。「弦」就是從安定變得不安定的一個震動。會有宇宙的誕生與靈魂的投生，就是因為不安定。當有一個「念」的時候，就有那個「弦」（波），這個弦就會引起蝴蝶效應，「旋」成一個超級大宇宙。可是當你經歷得多了，細紋多了，慢慢地你就會漸漸變得愈來愈安定，然後有一刻，當你的弦消失的時候，連整面湖水也都消失了。這湖水就是一個「境」，意境的境，連「境」都沒有了。

成：這個「境」的存在，有一定程度開悟經驗的人才能知道。但先用大家比較能意會的例子來解釋好了。大家可以自我觀察看看，我們人在起心動念的底下，是不是先有一個「情境」出現，然後才有「想法」的？「情境」是更難察覺的心象，即便在禪定中，好像是很平靜沒有念頭，也還存在著更微細、難以察覺的「境」存在。那麼，這個「境」是怎麼破掉的呢？

M：是因為「覺」，因為瞭解，瞭解你已經不需要再去多起一個漣漪了。會一直在輪迴的人，是他弄出了一個大漣漪以後，就覺得需要再弄另一個漣漪去阻擋這個漣漪，所以他就一直做新的漣漪出來；可是當他做更多都發現無效以後，他就會開始「看」了。「看」就是「覺」，他就開始有了「喔！原來如此」的種種瞭解，瞭解這種種事情以後，就會變得愈來愈少去製造漣漪，於是愈來愈歸於平靜。其實活得愈苦、愈糟的人，你會發現他們都是內在很執著、很用力的人，他們就是一直想要阻擋什麼、追求什麼、避免什麼，結果弄出來的這些事情又互相衝突矛盾，他們就「秀逗」（精神病或功能障礙）了。

成：他們一直在「處理」。

M：愈處理就是愈「動」，愈動漣漪就愈大，他便覺得所以更要繼續處理，於是他的整個人生就變成心浮氣躁、很不安的狀態。我們覺得精神病的人不正常，其實這只是相對起來說的，如果內在的自我衝突就是不正常的話，地球上每一個人都不正常。

4「虹光身」的奧祕

M：本來一切是都沒有的，當你有「念」的時候，它就造就了；有念造就的時候，你就跑到你想要去的管道，到你有功課要做的地方去。你剛到那裡的時候一定是漣漪很大的，就像一滴水剛滴入靜止的湖水，直到各種漣漪的交織又讓湖面愈趨平靜（也就是愈來愈學習到智慧），平靜到一個程度時，這整個湖就消失了。同樣地，當一個人愈來愈有「覺」的時候，他全身細胞的震動也會慢慢地趨緩，最後停止下來時，就會發生一個劇烈的燃燒現象，然後整個人不見了，那這個燃燒現象就是「虹光身」。所以「虹光身」的燃燒，反而是因為「停止」，才會這麼劇烈。

訊息給了一個例子讓我們懂，就像如果地球突然停止轉動，那麼地球上的事物會怎樣？是不是會突然大爆炸？因為地球上的事物仍然有它的慣性運動；如果地球突然停止，會造成很大的摩擦，這個連鎖反應是很巨大而急速的，就會是爆炸和燃燒。

人的生命也是有一個念在那裡轉動的，虹光身的原理就是：當你那個念突然不轉了，可是還在旋轉的你的那些肌肉、細胞、分子等等，就會突然產生一連串的摩擦和撞擊，於是整個身體就燃燒掉了，整個就不見了。這燃燒就像湖泊平靜到一個地步的時候，整個湖泊是會消失不見的。

本來並沒有那個湖，但是當一有「念」的時候，就像一滴水滴下去的動作「咚！」，突然間一個湖就出現了，一個世界就出現了，宇宙就出現了。

成：但脫離輪迴的開悟，一定會以虹光身的形式發生嗎？似乎不是，事實上更常見的是普通的死亡，留下身體，但靈魂重新與無限合一，成為無限，也脫離輪迴了。

M：對的，以虹光身的形式脫離輪迴，是大家覺得比較「神奇」的現象，很多人覺得這裡面才有「神」。但如果你死了以後，能夠明白你的一生有多麼愚蠢，那你才是回「神」了，哈哈！

一般透過肉體的死亡，靈魂脫離肉身回到靈魂狀態以後，是比較有機會能夠回到「無限」——那個光裡面的。所謂那個「光」，就是很大能量的噴射和爆發，跟之前說的「黑洞」剛好相反，「黑洞」是把所有能量都收回來集中在一個點上，而「光」則是那個無限。「黑洞」就是「無限」與「1」之間的交叉點，虹光身就是從「黑洞」這個點往外炸開，回到無限；所謂無限就是無止盡的往外馳張，所以用「光」來形容。

當你有那個「念」的時候，全部能量都要去集中在那個點，那個點的能量有多大，可想而知；當全部的能量又要從那個點釋放成無限時，劇烈程度當然也非同小可。所以，即使是經過肉體的死亡之後，靈魂才回歸無限，那個能量的爆炸也是很大的，只是我們在物質世界看不到，沒有物質世界的戲劇性而已。

一般人追尋虹光身的意圖，就只是追尋戲劇性而已，那麼，喜歡看漣漪的人就繼續去看漣漪吧；已經不需要讓人家看漣漪的，他早就無念、早就走了。

5 從地球畢業了，然後呢？

成：當一個人死了以後，他可能對地球生活已經完全沒興趣了，可是對更高層次的事情有興趣，那麼他會如何呢？

M：他可能會去神仙的世界，但是去天堂也是另一個更高層次的輪迴；還有一部分的靈魂，就保持著靈魂的狀態，在做接引、度人的工作。就像來接觸我們的高靈，就是一般人說的菩薩，祂們來帶領我們完成人間的功課；也有一些是沒有想要這麼做的，他們就去其他地方，去學其他的功課了。

這些來接引人的靈魂，祂們已經成熟到不會認為非成為肉身不可，所以祂們只是會以高靈的方式，在祂們覺得有需要的時候來點化你一下，當覺得差不多可以的時候，祂們也會離開。高靈說，也有一種把人家點化到一個程度之後，自己的自我又出來，覺得非下來不可，於是又下來投胎了。

在這個無限裡面，是「都可以」的，你在這個無限裡比較像在漂浮，可以往任何方向飄，可以往上也可以往下。

單細胞生物也有它的生命週期，有它的震動與活動，它也是從一個弦，一個原子、分子慢慢結構起來的；等到它可以結合更多結構，它也會變成一個器官，或一整個人，而每一個階段都有它那個層次的意識。那麼這些「意識」和我們方才說的「神」、「菩薩」、「高靈」其實是一樣的，怎麼說呢？雖然你可能覺得神、菩薩的意識很廣大，但在更大的意識裡面，也就好像某個人身體裡面的一個細胞意識一樣呢。然而不管那個「更大的意識」有多大，就好像台灣之外還有亞洲、地球、太陽系、銀河系……比祂更大的仍然有千千億億，這是無止盡的。

有千千億億無止盡大的東西，也有千千億億無止盡小的東西，反而因為瞭解如此，你才能活在當下；現在該學習什麼，你就去學習它，那麼你就能超越這個當下的層次，成為相對的「神」，就是這樣不斷地擴大你神性的層級。可是不要以為這裡面有任何的了不起，因為永遠是這個樣子。

明白無止盡，就能活在當下

因此所謂的「神」，其實就是指：比現在的我們可以更瞭解狀況的存有。所以要「跟神學習」，意思就是要去瞭解事情，就這麼簡單。接近神不是指去弄什麼怪力亂神的東西，搞得神祕兮兮的，那些常常愈弄層次愈低。本來那些儀式或作法都是一些方便，是用來因應人們的需要，透過這個入門之後，讓你願意開始去瞭解和清楚人生的；可是很多人現在不但沒有開始去清楚人生、清楚自己，反而執著於這些儀式、法門、宗派，搞得愈來愈迷信，愈來愈依賴和心生我慢，反而陷入輪迴愈深。

成：所以對人生，能夠去清楚瞭解，就是在成為「神」，而神永遠都能變得更神，這是無止盡的。

M：對。但有人可能就說，如果是無止盡，不就沒有一個旅程的終點了嗎？回答是：你對「無止盡」要有什麼感覺，是取決於你。如果要覺得痛苦，那就是地獄；如果要覺得喜悅，那就是天堂。每個「當下」都可以是地獄，也可以是天堂，就看你怎麼想。

其實，當你瞭解這個無止盡，它不就是「無來無去」了嗎？

成：嗯，你也可以說永遠都有明天，但是你也可以說永遠都只有當下，其實根本是一樣的。

M：事實上有的人真的因為他沒有從中有新的學習，結果每一世演到最後都是同樣以跳樓告終，如果他要待在這個層次不改變的話，這樣的跳樓也可以是無止盡的喔。

現在有的人很有興趣去瞭解前世今生，但真正的重點是在於：你瞭解了這些故事之後，這次有沒有意願要改變自己，過不一樣的人生？所以如果問：「我去看前世今生，有效嗎？」其實你去看前世今生是為了要瞭解事情，瞭解事情的目的是為了問：「那我有什麼可以改變？」有這個改變的意識才會有效，如果是要把責任推到過去，自己不做任何調整，那不但沒效，還會對你有害。

不過，這個「無止盡」裡面其實也暗含著：你就算不去解救他們，也是無所謂的，因為重複到有一天，他們也會不想再這樣玩下去而自己改變。只是，如果想要快一點脫離舊的循環，走向下一個更開闊的階段的話，那麼，好好地去多看別人的人生經驗、多看經典、多反省，就是必要的；或是自己反省不出來，就去請教好的老師來給你開示，幫助你對事情更清楚和瞭解，也可以事半功倍。你只要多清楚一點點，未來就可以少輪迴很多很多世；就算你不能確定，但是智慧的提升也會讓你在這一生少吃很多苦、少走很多冤枉路的。

成：深深認同！所以為什麼佛陀會說：「諸供養中，法供養為最。」意思是說，在這世界上，你可以給別人最貴重的禮物，不是金銀財寶，而是智慧。有一些人在作面子給自己、買包包奢華一下的那些時候，花錢毫不手軟，可是卻認為花錢去諮商、上課會心疼，我想他們反而是很不會算的。

M：智慧的提升，其實就是人們常說的「早知道」。回想看看，人生中過去某些事情，如果真的可以「早知道」，那麼會節省多少成本？少走多少吃力不討好的路呢？有人說世界上沒有「早知道」，這只是用來安慰自己和別人的話，如果真的是這樣，大公司又何必花大錢請顧問呢？劉備也不必三顧茅廬了。

6 有身體的人都還未進入那個開悟

M：我們再回到今天的主題。開悟就是已經知道那個「無念」——那個「都可以」。那麼他只要進去那個無念，待在那裡就沒事了。所以有的人開悟以後就直接死了，因為他知道，只要直接這樣，就不需要再來輪迴了。那也OK，佛經上確實也有記載這樣的人；但像我們已經知道那個路徑，可以不用再來輪迴，也可以選擇平靜地過日子，就把剩餘的生命過完。至於直接去死的那種選擇，如果跟別人還有牽扯，還是會被拉回到輪迴，直到完全「有了交代」為止。「牽扯」就是你讓別人有「念」，別人那個念就會讓你再回來，為什麼呢？因為他的念會讓你有牽掛。

能離開輪迴的人都有慈悲心，如果看到別人因你的死而受苦、有怨念等等，你就會受不了又回來。如果你能處理到，結束這一生的時候，別人對你是一種感念，覺得曾經跟你認識是一種福分，自然你就能很安心地走向你要走向的路。大部分人都是因為不安心、不甘心，覺得有很多未完成而回來輪迴的，即使一個人看到那個最終的「開悟」了，可是要走進去的時候，看到他愛的人在那裡悲傷哭泣，他還是可能又回來了。

就像如果我們真的進入開悟的話，我們倆是可以馬上沒有掛念的；但是如果你沒有辦法馬上沒有掛念的話，當看到對方因你的離去而難過，你馬上又會被拉回來的。

成：所以即使看到了那個進入「無念」的路徑，為什麼還要在這個世間繼續修？就是因為要讓自己明白：你可以放下。你即使看到對方在哭，但你知道真正對他好的是什麼，你可以不用擔心，那你就可以放得下。

因為做心靈工作，可以深入去瞭解這麼多事，愈看清楚，真的會愈無為、愈平常心，有一種了然，連對生死也是這樣。

M：是啊，頂多就是一種滄海桑田的感覺，一種對別人的祝福，就只是這樣子而已。

那麼，只要在這個當下還有肉體的人，沒有人是開悟的。一般所謂「開悟」的人，指得是看見那個開悟路徑的人，他看到開悟的門口，但他還沒有進去。進去「開悟」的話，就會完全不見了，他已經不在這個宇宙的「大數據」裡面了，他已經不在這裡面流動了——用電腦的概念來講就是這樣。

非常臨近開悟的那些人，就能穿梭於不同時空，而且可以決定什麼時候要離開身體。有的人會選擇虹光身的方式，那是一種善巧，讓世人因為這個奇蹟而有心向道，同時也不會對他掛念；其實他也可以直接不見的，但那可能會造成很多人的困擾或掛念，所以在離開的方式上，必須有智慧與善巧，不懂這些善巧也可能會被拉回來的。

有一些人甚至生下來就已經看到那個「開悟」了，可是他還沒有「being」那個開悟，還沒有在裡面，為什麼呢？就是因為被拉回來了，因為前世還有一些沒有搞清楚的東西，讓他還有掛念，所以就必須去做完這些功課。這也許包括：他必須懂得怎樣去安頓好還跟他有牽扯的那些人，或是清楚地去與他們釐清關係，然後才能進入那個開悟，不會再回返輪迴。

成：所以在佛教《雜阿含經》裡面講過，修行到後來開悟，雖然都是明白了「無學」，但還分成四個等級：須陀洹果、斯陀含果、阿那含果、阿羅漢果。其中「須陀洹果」是初果阿羅漢，證到這個初果就死的的話，這一生結束以後，還必須在天上、人間往返七次的輪迴，才會成熟為四果阿羅漢，四果阿羅漢死後才不再來輪迴，沒有下一世了。證二果的話，死後還要到天界投生一次，然後再到人間投生一次，然後才到「五不還天」（色界天其中之一）去證得四果阿羅漢等等。我很早以前學佛的時候就知道這些知識，但是那時只知道，這四者的差別是在於「見惑」與「思惑」（合稱「煩惱障」）斷乾淨的程度，可是不知道，其實那裡面也包含了今天高靈說的這個部分。

M：已經看到這個開悟，在作最後這些功課的人，人際關係是會愈來愈淡的，而愈淡其實是愈好的。因為當別人都在玩他們的人生大戲時，他們也不在乎你了，甚至你消失了，他們也不會去想到你。有些過得很平淡的人，以世俗的評斷來看，也不是什麼有特殊作為的修行人，死了以後卻燒出舍利子，其實也就是因為，他們已經要脫離輪迴了，用舍利子這東西來「給個交代」，這也是個善巧而已。

總之，曾經見到這個「開悟」的人，他會記住這個路徑，雖然還在輪迴裡，但他會逐漸朝這個方向走。而這些曾經見到開悟的人，也是慢慢修行，而有機緣去碰觸到開悟。然而我們所謂的「修行」，並不是指用特定的形式去做專門的事情，才叫修行。修行的核心就是要去「覺」，能一直去瞭解很多事情，瞭解得夠深，就會放下，有些人事物放不下就要用「智慧」，這個智慧是指在人間安頓別人的善巧方便，這個學分也得要修的。

而高靈就是已經進入開悟的人，祂沒有身體了，祂來跟我們講這些，就是用善巧方便的「智慧」。

有的人很聰慧，能在世間運作得非常順暢、聲名遠播、廣受愛戴，但那不一定是開悟，那只是聰慧。「開悟」是只有自己知道的，有的人說自己開悟了，要把這個路徑寫下來留給大家，那個叫做「有看到開悟的門」，而不是已經開悟，因為他如果開悟的話，連寫下來、留下什麼都不需要。但是若有去做這些事，也算是一個他自己修完智慧學分的過程，否則的話，寫些東西告訴別人他怎麼樣怎麼樣，那些也都是「念」，那個念是在告訴別人「我要走了，我要把什麼什麼留給你們」，那裡面也有「我」，這樣的話，他也走不了的。

真正的開悟就是：他知道，留這些東西在世上，人們是沒有辦法直接到位的，還是要經過許多歷練，所以時間到了，我就先走了。他也知道，你們有一天也會走到的，他也可以不用去管，所以他就沒有牽掛。

真正開悟的人就是高靈，因為祂在傳訊息給我們，卻沒名沒姓，沒有來頭，也從來沒有要求，什麼都沒有；可是如果有人需要一個身分才能聽得下去，祂也會編造一個給他。

所以「真正開悟的人」，就是這些「神」。

ch4 先有無限，才誕生你所知覺的世界

2014 年 12 月 4 日　于京都 · 大德寺黃梅院

M：今天我們所要談的內容，應該會是整本書最難領會的部分了。讀不懂的部分，只要抱著「日後會愈來愈明瞭」的想法去看就好了，因為我們在這裡談的深度，就像《般若心經》那種經典一樣，試圖趨近那「不可說」，這是用現代語言說的經典。

雞生蛋？蛋生雞？正解為何？

想像一個裝滿水的大水槽，槽底有一個小洞，於是你會看到小洞形成了一個漩渦，看起來非常強而有力，好像能把什麼都吸進去。然而就是因為那個漩渦看起來是這麼地聲勢驚人，以至於你忘了去注意到：如果沒有那些看似無形的水，又怎麼會有那道漩渦呢？同樣地，科學家看宇宙的黑洞，覺得它是一個很巨大的漩渦，一個好巨大的「吸收」，但實際上正是因為有一個更大的「放射」，才造就這個黑洞的。

這樣說，有些科學家會明白我們在說什麼，所謂的「黑洞」是你所看到的一個集中的點，但是最大的能量是這「整個天體」。所以「黑洞」只是個轉換口，它的能量不是最大的，最大的能量是那個「無限」，是先有那個「無限」，才會有這個黑洞的。

這裡就可以回答「先有雞還是先有蛋」這個看似無解的問題了。宇宙是先有蛋，才有雞的。但這顆「宇宙之蛋」會長成雞，還是長成恐龍？是未知的，這個「未知」就是那個「無限」。這未知會形成什麼？是取決於那個出現的「弦」(「弦理論」說的弦)，如果那個弦是要變成雞，那蛋就會變成雞。這跟靈魂投生的道理是相似的，靈魂要投生成什麼，是先有那個「念」，有那個「念」你才會進去「黑洞」，通過「黑洞」才會成為一個「1」。

這個「無限」與「1」之間的轉換口，就像DNA在旋轉，把你要的基因、你設定的一切全部都絞進去，於是細胞開始繁衍分裂，成為你想要變成的那個人、一隻雞或一隻蜈蚣。

基改食品可以吃嗎？

你可以用「基因改造」去理解上述的過程。科學家也是先有一個想法，想要做出什麼，然後就從無限裡面，選擇他想要的一段基因，去塞入原先的基因串，形成新的品種。因此廣義地說，其實所有的基因都是「基改」來的，自然的基改是透過宇宙的運行，它的運算能力已經很成熟、很巨大，所以它基改出來的生命是可以協調地運作的。而人類還沒有宇宙那麼大的運算能力，基改的東西就沒有那麼與自然相融。

如果人類運算的規模愈趨近無限，基改出來的東西就會愈好。比如說，真的能夠做非常龐大運算的話，那麼人類也可以憑空製造出一塊肉，而這個肉就跟真的肉幾乎一模一樣，是可以吃的。那麼再想遠一點，能不能透過抓取空氣中的原子分子，憑空製造一個人出來？理論上是可以的，但是要製造出一個真的人，所需要的運算能力就必須是更廣闊的「無限」，如果你的電腦可以做到這個層次的無限[註]，那也是可以做得到的。

這就如同現在人類的科技可以運算到做出機器人，來替代我們的手腳，可是以前的古代人為何沒有能力做到？因為他們的計算能力還沒有辦法運算到我們現在的程度。以前光是一台能運算開根號的機器就要好大一台了，然而現在只要一個小晶片就能計算一架太空梭的運作。科技還是會再進展的，因此未來人類可以創造到什麼程度？或許難以想像。因此現在的基改不能吃，但五年十年以後就不一定了。如果人類願意更用心去研究，而不是只是改得比較好吃、好種，其他的就不管，那麼很可能未來的基改食品與人類身體的相容度會愈來愈大，副作用會愈來愈小；或是有不相容的物質也能夠自然排出身體外，那到時基改食物就是可以吃的了。

所以高靈說，不用恐懼「基因改造」，因為大自然的本身就是一直在基因改造，人體也是，有基改也才有演化。

註

「無限」也可以有層次的。例如藍色光譜本身，可以有無限細分，卻沒有一個是紅色。所以彩虹的光譜比單純的藍色光譜，是更大的無限。

1∞ 動態世界的起因——意念的震動

成：剛剛用「基因改造」來闡釋的就是：是先有無限，才誕生了宇宙。但其中的原理還可以闡述得更詳細嗎？

M：就像你的手機畫面可能出現一段影片，裡面有人有車有馬路，可是那只不過是手機的電路板裡面，某一些電子在那邊聚集，就只是這樣而已。所以你可能覺得你和你的世界很大很真實，但就只是那個很小的「弦」在震動而已。

你可以把萬物都看成一塊記憶卡，岩石是一塊記憶卡、樹是一塊記憶卡……只是樹的這塊記憶卡，會展現成「一棵樹」的樣子。就像我們在電腦螢幕上看到一棵樹的畫面，那也就是由於組成這畫面的一切電子、光子，是用「一棵樹」的資訊來流動，才展現出樹的畫面。電腦螢幕的樹是2D的，生活中的樹是3D的，只是這樣的差別；而我們體驗到的動態，就是因為你的「弦」是在震動的，你一直旋轉，一個一個片段的畫面就變成是在動的。

成：這讓我聯想到《六祖壇經》裡面，六祖惠能聽到別人在爭論著一塊隨風飄動的幡，到底是因為風在動還是幡在動時，語出驚人地說：「不是風動，不是幡動，仁者心動。」所以高靈的意思是，就是因為我們在「動」，所以我們才會看到「動態畫面」。

M：對的，其實是因為你在動，所以這個動態的世界才存在；然而我們的動，其實是最小的，這個動就是「一」，一旦不動就是無限。所謂的「一」，只不過是一個「聚焦」的「念」而已。就像你把分散的光聚集成一個點，「雷射光」就出現了。

「念」就這麼使得所有的弦、電子在這個聚焦裡面流動。其實每一個東西（萬物）都有它的流動，這也是無限的，只是你剛好來到這邊，就與它相遇而已。這相遇也是看機率，卻不是完全隨機的，這個機率是因為你的流動有一個慣性，這個慣性就像是一個重力場，會使得這些弦與電子的流動一直在一個範圍內打圈，好像轉不出去，因為並沒有另一個念要出去。訊息說，所以你要愚公移山，確實是可以的，但若愚公只想待在山旁，也是可以的。這意思是說，你要說人定勝天，也是對的，你要說大自然力量很大，我們只能臣服，這也是對的，只看你的聚焦在哪裡。

成：當我們的震動方式（念）改變，我們就改變了自己的處境。

M：像我們現在看到地球繞著太陽轉，可是如果地球真的「想」離開這個軌道，它是可以脫離的。

成：地球會這樣想嗎？

M：地球也是有意識的。訊息說，古人會認為萬物有靈，會拜月神、日神，把它們當做好像是一個「人」在對待，但事實上，它們真的就是有「神」（雙關語，亦即有意識的）。只是古人覺得日月的力量比自己巨大很多，所以把它們看得比自己崇高，就把它們的靈叫做「神」。其實每一個人相對於比自己小很多的存有而言，你也是一個「萬能」，也會被視為是「神」喔。

然而又反過來說，也許你會覺得自己的人生跳上很大一階，但在神看來，只不過是非常微小的一公釐的改變而已。

成：那麼高靈又如何看待自己？

M：神就是一直存在著的訊息而已，神也是一個「1」。可是相對起來，祂的視野是比你更寬廣的。這都是比較而言的，例如相對於螞蟻，你可以把它看得清清楚楚，甚至可以把它瞬間移動到另一個地方去。

成：有沒有一種存在是同時看到「1」又同時看到「無限」的？

M：就是在那個「黑洞」的當口，待在那裡就比較容易。訊息現在給了一個圖案（見下方）：

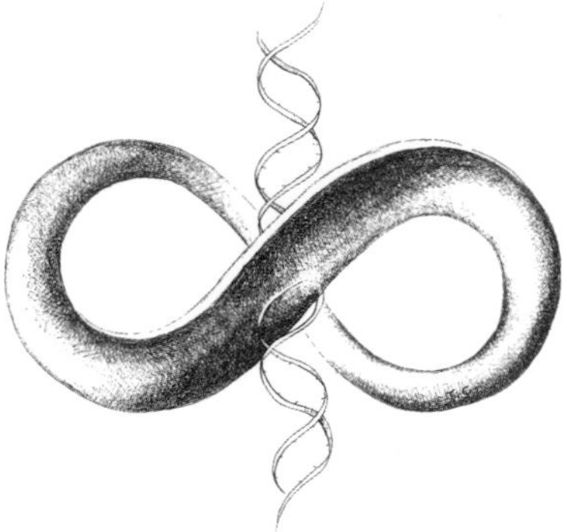

「黑洞」就是把很多東西都往裡面吸，但通過「黑洞」之後，那又是很大的釋放，又是無限了，而「黑洞」在吸的那個當口，與「無限」交界的那個點，就是「一」。所以只有在這個焦點上才是「1」，其他都是無限。

DNA不是有兩股螺旋的分子結構互相交叉嗎？這樣的結果就呈現出「一條」的樣子，就是那個「1」。「1」是能量在穿越黑洞的時候產生的光柱，也就是靈性圈講的「光體」或「一個靈性」，這個光柱本來也是沒有的，是因為把所有能量都聚集起來，才會顯得好像有一束光從那邊通過，跟雷射光是一樣的道理。而雷射光看起來好像是一直線，但事實上，裡面的光子還是一直在震動的。

人的生命就像一個旋轉中的龍捲風系統，它除了旋轉也會奔跑，而僅僅需要一個「弦」的旋轉和震動，就足夠把一整座大海變成一個超級龍捲風。剛開始你雖然看不到，但是例如經過懷胎十月、就變成了「一個人」這麼巨大的系統，這個龍捲風裡面有一個動力在讓它一直加速。

肉體就像大海裡面的水，是這個地球上的元素，當靈魂進入這個世界，就去推動受精的過程；這一池春水開始波動、攪動，就形成一個龍捲風，將各種元素吸在一起，不斷結構、堆疊起來；最後就變成一個人身，厲害一點的人例如賓拉登，他又繼續向外擴張他的攪動力，甚至造成整個人類世界的變動。

而當你彌留或離開的時候，你可以看見這個龍捲風系統還在跑，但是它已經慢慢在消散了。這個龍捲風系統原本是你在幫它維持動能的，當你控制它的意識脫離之後，你就會看到這個系統慢慢地在瓦解、慢慢地變不見了，這就是人的一生。

成：在上述的基礎上，怎樣談「脫離輪迴」？

M：那你就要先瞭解你那個「1」其實並不是一個「1」，而是「無限」去形成的，它其實是「無限」，如此你就比較容易鬆脫。當你容易進入那個「1」與「無限」的交界，你就容易看到那個進入無限的入口。

像這種東西就「不可說」了，因為每個人看到「入口」的方式是不一樣的。有人看到一面牆，他走進去就不見了；有人看到一個水溝蓋，他走下去就不見了；有人睡覺的時候，他就不見了；有很多人則是死亡了以後才看到那個入口，才不見了。

2 你為何成為一個受限的個體？

M：現在要說的，是超越地球層次的東西，所以可能需要讀者有一顆強壯的心臟，並且保留聆聽的空間：

只要人類認為是對的，就剛好是錯的。因為認為是「對」，就會成為一種「向性」；反而是，可以保留「無限」，就是所謂可以「天馬行空」，才是正確的。也就是說，胡言亂語才是對的，有一個道德、有一個方向，那才是錯的。

所謂的「錯」就是說，本來是一個「無限」，但是當人認為有一個「1」才是對的的時候，它就會一直發展那個「1」。於是例如，就有汽車發展出來了，就有一棵樹長出來了，我們這個世界就是由很多的「1」、「1」、「1」……組合出的無限。但存有事實上就是無限，它不用變成這些「1」、「1」、「1」……

我們現在講的層次，是那個「無字天書」的層次，而不是地球這個物質世界的層次了：只要人認為「這麼做才是對的」，那個就是「頭腦」。

一個人死了，他的身體就塵歸塵、土歸土，物質的部分如果以微小的粒子來看，也只是它們在地球上重新排列組合而已；而靈魂回歸無限時，原來也可以是無念的。可是當靈魂有念的時候，你就會去找那個「1」，想去「合成」一些什麼，於是你就會進入那個「黑洞」——可稱之為「靈魂的投生器」——就是無限與一交界的那個點，然後再度進入那個規模很小的輪胎。但如果你知道，雖然有這樣子的選擇，但不用這樣子也可以的話，那麼你就還是在無限裡面，擁有著無限可能。

所謂「擁有無限可能」的意思是：你不用成為物質化的事物，就可以去享受。你可以穿牆，可以變成一棵樹，可以幻想任何事，都可以體驗的，在這個無限裡面的世界就是這樣；但是當你認為，你就是要變成一棵樹「才是對的」，你認為成為一棵樹才能貢獻給大家養分等等，那你就會進去那個「1」裡面，變成一棵物質化的樹。

成：成為一個受限的個體。

M：對，但那是因為你認為「那才是對的」。

成：人覺得要有汽車才是對的、才是好的，就會創造出汽車；可是創造出汽車以後，泥土路就不好走了，於是又會覺得要蓋柏油路才是對的、才是好的；可是蓋柏油路又需要更多的東西，所以又需要張羅和做更多的工作，也會衍生出財政與污染等等新的問題要再想辦法解決；然後就繼續會覺得，下一步必須要再擁有更多東西來配套才是「對的」和「好的」……就這樣沒完沒了。發明的東西愈多，人類的生活卻愈來愈忙、愈來愈累，永遠都感覺到新的需求和問題，永遠在解決前一個「物質化」所帶來的限制，而衍生出下一個物質化的創造。其實「物質化」的創造本來就會有限制，因為它的本質就是捨棄了無限。

M：只要有任何的「念」，那都是錯誤的。比如說企業家認為，我把企業做大，可以繁榮社會、照顧更多人；或是你覺得，要發展出機器人，就能帶給人類更幸福的生活。這些都是錯的。一般人和那些大企業家聽到這個，他們會無法瞭解為什麼是錯誤的；可是一個研究弦理論的科學家聽到這個，反而會瞭解，這種說法沒錯。這就是真相，這個真相就是「無常」，可是這跟人想要去追求的動力，剛好是相反的。

「合一」就是回到「無限」，到無限裡面，就會變成「都可以」，你被殺了也可以，被吃掉也可以，你想要體驗什麼，都可以。

緊握著「1」，就會害怕「無限」

「1」就是一個弦，一個震動，一個念，這個震動可能並不是有具體的目的，比較像是：一個人想煮一盤菜，抓到什麼就往鍋裡丟，他並不是先想好要做宮保雞丁還是三杯魷魚。他隨意亂抓丟入黑洞以後，變成了一棵樹，或是一台車子，他都不知道，他只不過是一個震動聚集而已，但是這裡面有很細微的念，事物是從這裡誕生出來的。

靈魂真的有些微的重量，那些微的重量就是那個念；肉體瓦解後，靈魂確實存在，但這靈魂也可以再被瓦解掉的，當它被瓦解時，會是像燃燒一樣化做光，成為無限，跟黑洞剛好相反。黑洞是極黑——將所有一切壓縮成極小的「1」；而靈魂的瓦解是極亮——將極端壓縮的「1」釋放為無限。這「極亮」不是我們平常講的光線，有人會形容為「愛」，但這裡面其實也沒有所謂的愛惡，而是無念的。如果有人還會說那是「愛」、那是「光」，不好意思那還是個小「1」，那還是「頭腦」。

當有人知道上述的事情時，他開始試圖去找那個光化的途徑，可是很多人閉關多年都找不到，因為愈要尋找就愈找不到；當你有意識地想去追尋時，剛好掉入一個陷阱，就會變成一個「1」。所以愈想要開悟的人就愈會變成神經病；那種沒有在尋找什麼的人，很平淡在生活的人，不小心就發生了，彷彿在遊樂園乘坐著自由落體遊戲機，在他沒有預期的時候，就突然往下掉，開悟突然就發生了。

所以，每個人來到這世界上，都是想成為某個「1」。有的人很執著，很多事一定要照他的意思，會很用力地去經營或控制，他的那個「1」就旋得很緊，能量非常集中，那個念非常的強烈；而要開悟的人，他的「1」是要鬆開的，真正要往開悟方向的話，就是要「都可以」，眼界就是要打開。

「黑洞」就是把很多東西都往裡面吸，但通過「黑洞」之後，那又是很大的釋放，又是無限了；而「黑洞」在吸的那個當口，與「無限」交界的那個點，就是「1」。所以只有在這個焦點上才是「1」，其他都是無限。

成：我們現在覺得物質性的宇宙似乎無邊無際，其實就是在「1」裡面而已，是很小的。

M：非常非常小。

成：當你死了以後，其實你是回到那個無限，但是你又會自己跑進去那個「1」，跑進去那麼小的一個點，而失去了無限。其實你在無限裡面根本不需要那一個點，但你不知道，就一直跑到那個「1」裡去。

M：人在肉體死亡、回到無限之後，意識到無限通常是害怕的，因為無限擴張、什麼都可能體驗，大部分的人無法接受，會覺得那會讓自己陷入瘋狂，所以他會立刻抓住一個念，然後念又產生了聚集，他就又投胎了，投胎就是這麼來的。而當他愈害怕，害怕什麼就吸引什麼，所以投胎之後的際遇就會是跟他所害怕的相聚，他就又要再做一次這個功課。所以就「輪迴」這個機制而言，「1」旋得愈緊的人，死後愈沒有辦法放下，他的「1」鬆開的程度有限；所以面對無限，他的害怕是更大的，他投生之後，際遇愈糟，所謂的「下地獄」其實是在形容這個。

成：也就是說，我愈害怕的，我就愈會遇到，這一生遇到害怕的事沒有去超越，反而讓自己更緊縮、更逃避的話，下一生會遇到的狀況還會變得更嚴重。

M：對的。所以若真的要講什麼是「修行」的話，「修行」的定義就是「在你的當下，你是可以去放鬆的」，是都可以的、不在意的。譬如如果人家把你殺了，你也覺得：「OK啊！」能這樣，你就是準備好的，你就比較容易超越生死；當你離開肉體時，你就容易回到那個光中——那個「無限的擴張」裡；在其中，什麼感受都有，可是在任何感受裡面，你都是放鬆的……這很難講，但是味道已經有講出來，有準備的人會聽得懂。

就像禪宗六祖惠能，他只是在廚房做事，他沒有想成為什麼，他只是很無為的在那裡，可是因為他在大師的旁邊（指五祖弘忍），無形之下就吸收得很多；而愈想成為什麼的人，雖然也在大師的身邊，表面上好像也在吸收，可是其實是面具愈戴愈厚。所以為什麼當五祖將衣鉢密傳給連出家都還沒有的惠能，讓他成為禪宗六祖，真的就有一堆五祖的弟子跑去追六祖，想討回衣鉢，他們立刻原形畢露了[註]。

成：這個正說明了之前所講的，愈有目的就是愈錯誤的。

註

此故事紀載於《六祖壇經》。

3 沒有主流價值的社會，才會幸福

M：有的人說，那這樣會不會大家都無所事事，什麼也不做了？不會的，答案是：讓想做的人去做，而不是為了功成名就去做。因為每個人這個「1」，就像一盤炒出來的菜，他獨特的組合，自然會讓他對某些事產生反應、產生想法、產生興趣，也就是說，他就是會去做。只要這個做的人不要被「時間」、「空間」以及「金錢」的觀念所綑綁，造成心中的功利與壓力，輕鬆地按照著本性的興趣去做，你會發現，社會還是會運轉，而且反而比現在好。

成：允許每個人都做他自己，而不用一種價值觀去框住所有人，讓大家全往那個方向擠，社會各方面的進步反而才會更大。想結婚的人就去結婚，不結婚的人也可以不結婚；想穿漂亮衣服的人就去穿漂亮衣服，想光溜溜不穿衣服的人你也就讓他這樣；喜歡唸哲學的孩子，媽媽不會逼他去唸理工；喜歡修理東西的孩子，爸爸不會要他去考醫學院。如果能如此，你會發現，這個社會各方面，科技、藝術、醫學、服務……反而會有更蓬勃的發展。

M：當社會塑造出了某種主流的「成功」的定義與概念，這個社會的發展反而會受限，因為人人的頭腦都被束縛在單一的追求中，而壓制了整體多樣性潛能的釋放；如果沒有這種「主流」價值，只有多元，你會發現，這個社會的功能反而會更強大，因為它相較於前者，更有無限的可能，可以被發揮出來。

成：可以說，「多樣化」才是接近「無限」的特質的。反過來，不管是個人或集體，當你認為什麼「才是」幸福，然後很努力地去塑造的時候，你剛好創造了不幸福。

M：就像政府與社會大眾愈努力拼經濟、強調經濟，到頭來社會變得唯利是圖，變得更黑心、更污染、更M型化，大家有更幸福嗎？

成：也許，達成一個社會的「幸福」，根本不是誰領著大家用力往一個方向跑，只要讓多樣性得以存在就行了。以生態而言，現在的人都說，我們應該要讓地球資源永續，其實要永續，你只要讓生物的多樣性存在就行了，因為那就是地球本來的樣貌，只要有多樣性，地球一直都能平衡它自己。

M：高靈說，譬如我們看到一個年輕人在素食店門口當乞丐，你也許會覺得「好」或「不好」，也許會覺得那是「賤」不是「貴」，但就大化而言，他就只是一個存在。這世界，有人願意去做好吃的豬血湯，有人要做有毒的豬血湯，他們都存在，你會看到，存有的真相就是充滿荒謬性。然而你是否想過，其實「無限」就意味著充滿荒謬性，否則就不是無限了。愈是荒謬，就愈真實自然；愈是一致，就愈扭曲變態。

你們試圖排除荒謬性，來達成心目中所認為的進步與發展；可是就大存有而言，這個「進步」與「發展」，反而才是「荒謬」的。例如醫療盡可能地想要延長人的壽命，可是試問，最終能避免死亡嗎？而當人類把「延緩死亡」當作是進步的時候，他會去瞭解超越死亡的智慧嗎？會去瞭解靈魂存在的真相嗎？不會，這方面的發展反而一直停滯。此外，他會去瞭解，生命的長度不在於日曆上的時間，而在於智慧的擴展度嗎？也不會。一直在乎著手錶上的時間長短，卻沒有真的好好活過，以至於總是繼續在期待更多未來、最後又不得不死的這種人生，不是更荒謬嗎？

所謂的「荒謬性」，再舉個例子：譬如現在很多人都推崇梵谷、畢卡索，說他們的畫很棒，影響後人深遠等等，可是愈是強調這些影響，反而是愈錯誤的。像小孩子那樣隨便畫一畫、塗一塗，那其實都是藝術；當你不是在討好，只是順著當下純然的流動去揮灑，那就是美。當你的呈現存在著想要「給誰看」的意圖時，它已經不美了，那裡面就有頭腦了。

看了這本書，不管你有什麼感覺，都可以。但保證你看完這本書之後，你的生命一定會更鬆開，即便你是嗤之以鼻，你都會發現你被改變了。

4∞ 回到無限的路徑

M：人類常會去問：我從哪裡來？可是程度好的人就不用再問這種問題了，因為這些問題都是在追究「影子」是怎麼來的。真正的開悟、實際的開悟就是：你只是感覺到了，你match到了，就好像在大浪中有一個點，你抓到，你就上去了，你就虹光身了。可是你不曉得這個點什麼時候出現。然而它是有路徑的，當你的意識愈來愈清楚、漸漸活在愛裡面的時候，你會慢慢地、愈來愈感覺到怎麼拉到那個「拉把」；當你拉到那個拉把，你是可以決定你什麼時候要離開的。更精確地說也不是「離開」，而是可以來去自如，你就可以穿越時空，要到過去或未來、到任何地方都可以了。

你只要拉到那個拉把，就是「都可以」了，而都可以了，也就是都可以不要了，也可以都格式化（format）掉了。

《星際效應》這部電影，它要讓大家看得懂，就必須理性化，然而這種感性的東西是無法被理性化的。人們試圖變換著影子去解釋一切，可是誰才是那個造影的人？你如果知道那個造影的人就是你自己的話，你就回到覺知、開悟裡面去了。但如果是在這個人間的遊戲循環裡面，你要回到這個覺知、開悟去，是很不容易的。於是有人就問：那我們不就一直要在這個難以忍受的輪迴裡面了？在幻象裡，輪迴是有的，可是對真正開悟的人而言，你也只是去了一剎那，就回來了。當你脫離輪迴又回到無限，你也會覺得只是一剎那而已，也只是一個瞭解而已。可是當你在追逐影子的時候，你就會覺得，在裡面不知耗費了多少光陰與努力。

成：所以，回到愛的感覺、去感覺愛，是最直接的路徑。

M：當你步上回到愛的旅程，有朝一日你終將發現，全宇宙一切事物都是你愛的；而你也知道，這一切事物都是在為你奉獻，也都是在愛你的。

《奉獻》這本書講的「感謝＋反省＝奉獻」，就是一個步上愛的旅程的方法，它是所有人都能用的課本——雖然也是一個初階的課本。然而，從這個路徑才能夠朝向這個開悟意識，人們需要經過這個「奉獻」之後，才能夠逐漸地，感受到更高層次的高我之愛，那時你就能感悟到，世界是你在創造的，而不是因為你的思念、想念什麼人而進去的東西。

這個層次的講法，已經是更上一層樓了。之前說：我們來投胎，都是因為思念，你來尋找某個你想找的東西。但現在告訴你，這都是愛喔！也許是想來瞭解什麼事情，或是想來吃什麼東西，甚至是想被什麼東西吃掉，這都是愛喔！以地球人的觀點，可能會形容我們是來扮演角色或是六道輪迴，可是六道輪迴這也全部都是愛喔！比如蟲被鳥吃，彼此都是愛，你知道嗎？所謂誰吃掉誰，這就像：我們身體裡，這個細胞的營養給了另一個細胞去吸收，這個細胞消失了，可是另一個細胞又誕生出來。平行宇宙之間也是如此，不斷消長，一直在變換，並沒有一個靜態的定格，這就是無常，但這都是愛喔！

成：那麼，既然這一切都是愛，大家在這個愛裡面，為什麼要痛苦？

M：因為那個「念」很深。愈低階的愛，就愈放不下、愈看不開，愈放不下而來投生的人，痛苦就愈多。

5 有念時，一切都是你的化身；無念時，即合一

M：「念」就是「弦」，物理的世界全部都是在夢裡面，這個夢裡面就有整個宇宙、無窮的事物。在夢裡面，這些都好像很真實；可是你醒來之後，就都不是了。

平行宇宙也不是「一片一片」平行存在的物理宇宙，這只是用我們比較能懂的概念來講。如果把宇宙比喻為一個無所不包的記憶體，在這個記憶體裡面，就只是一道電流在流動而已；如果講得更細緻一點，這個電流也不是「一道」，它就是一個「弦」，就是一個「念」，這一念就代表了這一切了。

成：「念」在這個記憶體裡面流動嗎？

M：不，這個記憶體是念創造的。

成：所以所謂的「記憶體」，所謂的宇宙全體，也就是那一念。

M：對。可是當這個念一出來，這裡面就好像有千百億無窮的時間在演化，如同天文學家在測量著宇宙的誕生究竟距離現在有多久遠？你就會覺得有幾百億年。

可是當你可以意識到「那個路徑」回去的時候，這一念就化為虹光身了，「虹光身」就是一個宇宙大爆炸。你現在是一個小小的「1」，可是當你進入「黑洞」，也就是進入虹光身的時候，你就恢復為那個「都可以」的全宇宙；可是當你一有念時，就從那個「黑洞」退回來，你又變成「一個人」。

所以簡單說，你死了你就回到全宇宙，可是不是「你存身在宇宙」，而是你就是那個全宇宙。

成：什麼是這個「全宇宙」？

M：就是「合一」，這個合一不是你去跟什麼合在一起，是你去「爆炸」；虹光身就是：

當你進去那個合一，你就爆炸掉了，你看到所有的銀河、星系、一切一切，就是你自己全部的細胞。其實，你現在仰頭看到的所有星星、宇宙間一切的存在，就是我們自己的細胞，我們與這一切之間，是以「黑洞」連著的，這黑洞像是一根細細的吸管，而這根細細的吸管，就是「五次元」。

成：明白了，我們就是全部，但為什麼我們只意識到自己這麼小的一個部分（身為一個渺小的個人）？因為我們有這個「念」。我們現在因為當前這一念，於是就變成一個局部（一個人），可是如果你回去的話，你就是整體。

M：所以放眼望去，你看見的每一個人，其實就是你細胞的化身，每一個人其實都是一個訊息在跑，只是看你有沒有用到這個訊息。有用到的話，你就會與他認識了；沒有用到的話，那就像億萬個行星的其中之一，就這麼飛過去了。

成：當我們有念的時候，我們就好像變成一個個人，而其他的人跟我自己，就彷彿變成是分開的存在了；可是當我們透過這個五次元的愛回去的時候，我們就從這個分開的幻境醒過來，回復為整體宇宙的真正身分。

M：對，但「五次元」其實不是指一個「次元」，而比較像是一根吸管，將你吸上去回到無限，而只有愛才進得去這根吸管。

成：那麼有沒有六次元以上？

M：高靈說，沒有「六次元」，但是有更高的層次，只是不是用六、七、八這種次元概念去排列的，是另一種形式的存在。祂說，去瞭解所謂的「六、七、八……次元」這些東西，是沒有必要的，因為這是為了要符合你們定義的理性與科學，才去編造出來的「影子」，當你將注意力放在這些影子上，你就會忘記你是那個「人」，而不是那個人的影子。

所有的科學都是在研究「影子」，而沒有在研究那個造影的「人」，「人」就是指那個本體的本身。那個本體不是語言可以說的，然而當你透過那根吸管進去之後，你就會瞭解。

所有的宗教也都是「影子」，而他們試圖包裝那個影子，告訴你它是真的。結果都忽略了那個最簡單的事：人一出生時的那個愛。小孩子一出生來到這個世界時，都有一個最原始的愛，那個才是本質。每一個人來投生，不管是來做什麼功課，他都是因為愛來的，他都是從那個管道——從五次元下來的。

任何的動物、植物、空氣……全部，就是你。

（靜默）

這個宇宙之外還有更大的宇宙。如果把全人類的意識比喻為「一個人」的話，那麼更大的宇宙就如同「這一個人現在又面對著宇宙這樣的浩瀚」，這就是佛教說的，千千萬萬億、如恆河沙數的宇宙。可是那些更大的宇宙沒有意義，那是零也是無限，重要的是，你現在在哪裡？你要在這個當下去愛，只要你有愛的話，你就可以自由了。

而愛在哪裡？愛是心裡面去感覺到的東西，愛是心領神會的，是一種心電感應。如果你能夠連結上這種心電感應的話，你可能會連結到你所想念的人，甚或是對你不認識的人，你都會有一種感覺、一種鄉愁，這就是這個愛。

成：這個我曾有很深刻的經驗，十幾年前我曾有一次崩潰大哭，當時是面對著二十幾個一同參加心靈成長工作坊的學員（那時我還是學生），我本來不知道我這很深的悲傷是為什麼，直到我聽見自己終於哭喊出來：「為什麼我們是陌生人！」當時我的崩潰讓大家非常震撼，那句話被我一直重複著哭喊，然後每個人就像一箭穿心似地，全哭了。

當時我感受到，我們每一個人本來應該像是兄弟姊妹，為什麼變成了有所顧忌的「陌生人」？原來我的內在根本無法接受事情是這樣。後來工作坊結束，我要騎摩托車回家，撈出鑰匙的時候，我才深刻地覺醒到：這串鑰匙的存在，是多麼令人沉痛的事。以前鑰匙帶來帶去，竟然會沒有感覺？當然那時的我還不知道怎麼去解釋這個經驗的發生，經過很久很久以後我才知道，那是很深的愛的覺醒，也代表我沒有在三次元的地球遺忘得很深，難怪我會一直走向想瞭解生命意義的這條路。

M：高靈說是的，所有的人其實都跟你有關連，可是你會聚焦在特別有關係的人身上，這就是為什麼你會在這裡（來到此時此地）的原因，如果沒有那個想念的話，你就會回到那個大宇宙裡。全部的意識——全宇宙——就像是一個 USB，比如說，它的容量是 1T，我們都是在這個 1T 裡面；那麼比如說，有個你想念、想見的人，那你就會聚焦在這 1T 裡面的一個 bite 裡面，而這一個 bite 裡面也有一整個世界，裡面也是一個無限的宇宙。只要有聚焦，就可以幻現出一整個宇宙，這就是平行宇宙真正的意思。

6 他心通——五次元的伺服器功能

M：你（章成）對人會有一種直覺的瞭解，這個直覺就是那根「吸管」，就是五次元的愛；因為你對別人有愛，有把心停留在這個人身上，所以你就可以從這個管道進去他的內在，去感覺他發生的事情。透過這個「管道」，你就可以「通」到他——這就是他心通。然而其實「他」也是「我」，「他」是在不同背景下的「我」。

成：所以「我」才能從我的內心潛入，而竟能通到「他」的內心，就彷彿兩口底下相連的水井，其實我們是一體的。

M：也許他只是一個在你面前騎機車過去的人，但如果同時兩個人都有回到這個愛裡面，那麼彼此是會有心電感應的——心裡的意念是可以互通的。又比如說，我跟一個路人擦肩而過，如果我們兩人的內在都很開放的話，那麼很可能我們會同時對看，因為好像忽然都「聽到了」彼此在想什麼。像我們兩個人之間就常常會有這種心電感應，我們常常同時想吃什麼或做什麼。

成：這就是「合一」，合一就能相通。

M：高靈說，「愛」就是你能夠感覺另外一個你，就是在旁邊的那個人，這就是對愛最好的解釋。當你能夠意識到，你所遇見的人就是另一個你自己，這就是愛了。能這樣意識到，就是回到你的「源頭」——也就是回到你靈魂的部分，而在這個靈魂的層面，你能夠與那個人連結起來。好像靈魂就是你的伺服器，透過你的伺服器，你就能夠與另一個人的伺服器連通起來。所以意識到「別人也就是你」，這個就是愛。

成：我猜很多人聽到這個會覺得很難，其實這不是一個需要去發展、修練成的意識，而是在我們拿掉許多計算和恐懼、回復內心的單純時，基本上就能體受到的一種「微妙的心態」。我用「微妙」來形容是因為，確實我們與別人，身體、長相、個性……一切都不同，但是只要與對方相處時試著去感覺「我們都是人」或「我們都是生命」，用這個作為跳板，再跳入靜心，你會發現，有一個剎那，你會突然懂得那個感覺，然後你會發覺，沒錯，眼前的人就是另一個你。有一些人看到這裡，會突然明白過來，原來他們平常的意識基底就是這個，難怪自己常常是個心軟的人。可是這種與人相處的基底氛圍，是很微細、不易被察覺的，連自己的頭腦也不知道。

為什麼有些人對人總是很溫暖、親切？這種溫暖親切不是一種教養出來的東西，也不是刻意的，他會覺得自己很難去討厭什麼人——即使那個人大家都覺得很討厭。可是你如果問他為什麼會這樣？他也說不上來，只會支支吾吾講一些你也知道的人生小道理來解釋自己。其實真正讓這個人有一份寬容、體恤的心的原因，不是頭腦上的道理和知識，而是來自靈魂層面的直覺：覺得別人也就是另一個自己。

M：對，所以這不是基於人我分裂之後的「同理心」，這是由靈魂層次知曉到的合一，當你感覺到這個，你怎麼可能去傷害另一個你呢？有一些人，即使碰到利害衝突，他都會覺得：「再怎麼樣也無法做出，因為自己的利益讓別人蒙受損失的事情。」你如果問他為什麼？他也無法解釋清楚，他會覺得，這不是理所當然的嗎？他會認為，這是絕對必須遵守的底線，他會說：「怎麼可能為了自己的利益去傷害別人？人家也是人耶！」其實這個意思就是在說，其實別人也是另一個「自己」。

當你在諮商的時候，你很明顯就回到了那個「合一的我」，回到這個愛，這就是回到五次元。當你在諮商時，你不是在「幫助他」，而是回到「自己就是他」，從那裡去瞭解那個「自己」，然後在那個當下，找出最好的路徑來「幫助自己」——幫助這個扮演著另一個我的自己，走出他的下一步。

平常，在「影子」裡面的說法，就是說「我去感覺他這個人」，可是在「真相」裡面去講的話，就是「我只是去瞭解我的想法，然後透過另一個我來告訴我自己」，那麼，這就是高靈跟我們的關係了，高靈就是更接近本質的我們自己。當我們頻率校準到了能夠與祂相通的階段，祂就能夠以現在這種形式來告訴我們人生該怎麼走，其實這也是自己在幫助自己。

成：《星際效應》的最後面也表現出同樣的概念。主角當時待在一個由無限的三次元所組成的四次元中（各個時間點的書房同時存在），然後他說，這個架構其實是未來的人類發展出來，用來幫助現在的人類的。

M：就宇宙真正的法則來講，其實都是同一個我在幫助我。

7 五次元——邁向無限的管道

M：接下來我們要講的東西，是在非常高層次的覺醒中，會瞭解到的事情。

當你進入「感謝＋反省＝奉獻」的循環時，你會知道，你所完成的事不是你一個人完成的，但也是你一個人完成的。因為當你透過「感謝＋反省＝奉獻」，你會開始進入那根吸管——五次元，與無限連結。這個連結也會讓你醒悟到，幫助你完成的這一切力量，其實也「全部都是你」，因為有你的「念」，宇宙的那台「大飛機」（也就是所有人事物醞釀出來的創造的大能）才開得出來。

如果你的意識境界達到這個程度，你就不會被這台大飛機架著走，變成是你的「念」可以開這架飛機，一切都是你的「念」在開的；而所有人同樣都是你自己，所有的念都是你自己，這些每一個不同的你自己都在幫助現在的你，都在幫你做事情。能夠感覺到這個的人，自然就會很有奉獻的精神。

這種「每個人都是你」的瞭解，並非一般所謂的同理心，你已經不需要同理心了，你自然會善待每一個人，這個就是五次元意識；到五次元，就是可以跟每個你連結上。

為什麼這個地球的人愈來愈多？那都是從「你」一直分裂出來的，但是這又是另一個很大的主題，暫時不談。但這些分裂出來的你，都是在幫助現在的你，幫助你去瞭解和清楚，裡面有錯誤的示範，也有正確的示範，這些全部都是你在幫助自己達成各種覺醒。

這訊息來自很高的能量團，這能量團的強度已經超過我們過去許多本書的總和了，可是也是因為有前面那些書的能量為基礎，現在這樣能量級別的訊息才能夠被我們所吸收。

（靜默）

成：現在剛好有一個老人家經過我的視線，如果用一般世間的頭腦去想的話，就會對眼前的人有一種「距離」，這種距離是一種「看待」。可是如果拿掉這種社會性的意識的運作，將剛剛訊息所言代入進去：「眼前的老人就是另一個『你』來讓你增進清楚和瞭解的。」那麼就會產生另一番感覺，這感覺是：這個老人出現在我意識當中的那一瞬間，其實是產生了一種「對照」的。

M：對，而這老人（的當下狀態）也是一個「曾經的你」。

成：而這個對照就會增加我的智慧。所謂的增加智慧，就是讓我瞭解得更多，這都是因為有一個「對照」發生。

M：對，這個曾經的你，透過扮演這個角色（老人），在幫助未來的他自己，也就是此刻的你；所以，我們現在扮演任何角色，也是在幫助曾經的自己或是未來的自己。平常大家比較會有的經驗就是，看到某一個人現在的狀況，感覺到那就像是過去的自己，於是產生出感同身受的心，這就是「愛」，就是五次元的愛。這不是一般的同理心，這是「你在那個人身上看到了曾經的你自己」，所以你有一種帶著愛、帶著那個一體感的瞭解，這種愛的瞭解，就是可以讓你去跟他互通的東西，我們之前說的那個「互相連結的神經」，那個神經就是這個愛。

成：像我們現在看人，會瞭解他的狀態，他的狀態對我們而言是熟悉的。這個「熟悉」的意思就是：一個以前的你自己，只是現在自己已經不是以前那樣了，所以可以看到。

M：對，那麼你就要去感謝這個過去的你，因為，這個過去的你也在幫助現在的你變得更有智慧。這個過去的你就是剛剛看到的老人，這樣你就會對她有愛；對她有愛，你就會瞭解更多；瞭解更多所做的事情，就自然是奉獻。而所謂的「奉獻」，就是會把自己現在在做的事做好；把自己在做的事做好，就是對其他人的奉獻。但是這是用地球的觀念在說的，其實你把自己的事情做好，就是在對所有過去、現在、未來的你奉獻。

8 所有人都是你自己，在幫助你

M：如果你讀到這裡，已經覺得太過奧妙，那麼接下來還要告訴你更驚人的東西。未來的你將會瞭解，你可以投胎回到這個空間——就是當下的此情此景，變成是那個路過的老人，交換位置，扮演那個角色來啟發你自己；而她也有很多不同的一輩子，又去啟示不同時候的你。這個現象就像一粒電子在原子裡面到處亂跑一樣，但每一個都是「你」。回到之前說的，就只是那個「弦」。

因此，每一個人的投生和輪迴，都是在幫助每一個不同時刻的「片刻」，如果能瞭解這個，就會意會到，那是一種很大、很深的愛。包括你看到一隻蜈蚣，那也是你，可是佛教說六道輪迴，好像蜈蚣是因為造了惡業的關係，其實這樣就進入分裂思想之中了，其實那通通都是你。輪迴是有的，但是這種分裂感是添加進去的概念，當然當初那樣做也是出於一種善意，要叫人向善。可是六道輪迴真的有嗎？也沒有，也只是一個幻象在幫助你自己而已，所有的事物，其本質都是如此。

更進一步，現代人把事物分成有機物、無機物。譬如說汽車是無機物，但其實車子也是一個生命，車子的零件也都是生命，它們都有它們那個層次的「覺」，所有的零件都在幫助車子，但車子也在幫助零件，讓它們能夠到處跑、到處去看、去感覺。

於是延伸而言，能幫助你的不只是人喔！也包括一顆螺絲釘。其實車子的板金、車燈、引擎等所有零件，它們都是與「組成你的基本粒子」同樣的粒子所形成的，只是粒子運行的方式不同，這樣運行就會造就「一個人」，那樣運行就是「一顆螺絲釘」。

成：所以「人」或「汽車」，全部都是「程式語言」，就像電腦螢幕上的虛像——都是「弦」的表達。

M：對，只是運動的模式不一樣而已。因此真正說起來，如果要傳遞一個畫面給你，並不一定要透過電腦螢幕，也可以在空氣中直接上映；甚至根本不需透過外在視覺的媒介（無須透過眼睛去看），直接透過心電感應傳達到你的意識去就行了，這就是智慧的「慧」。

如果把整個宇宙比喻為一個USB晶片，裡面是什麼電路都可以成立的，你要體驗從地球跑去太陽、從太陽跑去月亮都可以，就看你有沒有辦法跑去而已。當你的能力只能有一個程度，只能跑一點點範圍的，那就叫做1M；可以跑去更遠的、範圍更大的，就叫做1G等等。同樣是這塊USB，當你的意識層級愈高時，你能跑到1T；意識層級又更高，整個宇宙你都能跑到。

而你如何能在這個「宇宙晶片」裡面跑得更遠呢？就看你能量是否能夠跑得很高，讓這個行為不會產生很多「熱」——即浪費掉的能量。愈能減少熱的產生，你的效率就愈高、折損就愈少。這就是之前我們說的「時間是一個一個習慣去累積出來的」，習慣改變，效率就改變。

像以前沒有電腦網路，如果你要匯錢，就要用身體親自跑去銀行，而你跑去的過程就會產生很多熱，就會有能量的耗損，這樣的耗能模式，使得匯錢對於你而言是麻煩的；可是如果你所在的層級是有電腦網路存在的意識層級，你只要動動手指頭，就達成了同樣的目的——修改了銀行電腦裡的數字，而過程中你所產生的熱能相對是少很多的，於是你匯完了錢，能量便還很充足。訊息說，你產生的熱愈少，你相對能跑的範圍(Mega數)

就愈大。

成：所以，當我們的意識層級在分裂感比較大的狀態，我們的能力就小，能做到的事也少；甚至內在會有春風吹又生的恐懼、煩惱，愛在這個內在空間中則很難作主，這就是我們現在的社會——或說從古到今——人類的現狀，人類社會基本上仍是架構於恐懼上的。

因此當我們聽到更高的意識層級所看見的宇宙本質——無限，在合一中實際上可行的種種「都可以」，例如穿越時空、心電感應、瞬間顯化……或是精神層面能浸淫在大愛當中，了知一切都是自己、了知一切如夢幻泡影、了知一切都可以不需要的這種「都可以」，我們就如井底之蛙，認為那是天方夜譚。

M：如果你跟古時候的人講手機、電腦這種東西，他也會覺得你在痴人說夢，這是一樣的。每個時代的人都在被教育的架構底下思考宇宙人生的能與不能，這就是在那個「1」裡面去設想「無限」，有的人願意聆聽、反省自己的，他就上來了。

ch5 讀懂無字天書

2014 年 12 月 4 日　于京都 · 大德寺黃梅院

1 記住感受，而非語言

M：就像高靈在教導我們，祂所有的講法都是方便，並沒有一個真正的、唯一正確的「法」在那邊，因為任何的說法都是為了讓在這一刻的你能夠瞭解，不代表下一刻這個說法仍然適合，更別說對這個人適用的方式能適用另一個人了。所以本書真正要傳達的，不是能用語言文字記載下來，成為一個觀念去理解的東西，這就是所謂的「無字天書」。

「無字天書」就是透過任何當時當刻的說法或方式，讓你在當時當刻可以去體受到那個開悟的吉光片羽，所以要記住的是那個當時體受到的「感覺」，而非語言，因為那個「感覺」不是語言能夠取而代之的。當你透過語言去得到觸動，停下來浸泡在那個觸動裡面時，有更多的東西就能夠圓通了。但很多人都是停留在幫助他去瞭解的那個語言與方法上面，然而停在這上面就變成頭腦了，這很不一樣。

通靈的時候要去記住那時的感覺，而不是通靈來的語言的內容，要去感覺的是你通上的時候的那個能量，這才是真正的語言——心電感應的語言，而不是文字的語言。當你愈熟悉這種心電感應的語言的時候，你就更有能力跟已過世的人溝通，你就不會感到孤單。甚至你到外國去玩，碰到語言完全不通的外國人，你都可以用你的肢體語言加上心電感應，讓對方知道你想要做什麼。

我們人講話的時候，出去的不只是語言，還有「心意」，這個心意會決定別人是否對你善意的回應，是否願意更專注去「感受」你的訊息。所以真正打開溝通橋樑的是那份「心意」，而不是頭腦上講話的技巧。所以就算你的講話技術不是很好，可是如果心意十足，你會發現，總是會得到很好的回應。

2 沒有真相，只有愛

M：我們所講的東西，目的是要讓人去感覺，而不是要讓人去分析哪句話是有道理的、哪句話又是錯的，如果這樣，就容易落到「影子」裡面了；如果善於去意會，你也很容易進入別人的靈魂去瞭解別人，當他有什麼問題想要解決，你就能夠幫他排解。心靈工作也就只是這樣，而不是告訴他什麼是真理與真相。但是現在的宗教最大的問題就在於，他們都要告訴你什麼是真理與真相，然而，事實上是沒有「真理」與「真相」的。

「五次元的愛」才是那個本質、那個本體，而不是影子，愛才是所謂的真理與真相，但它並不是一個東西，讓你可以用企圖心去追尋的。如果你想感覺到這個五次元的愛，你可以假設自己也許並不是那麼有愛，可以假設可能自己也許真的不懂得愛，在心中開始真誠地渴望瞭解什麼是愛，這樣或許你會更容易與它相遇。

成：或許我們可以在很多生活的現場問自己，例如：

「一個人對我很好，所以我很喜歡他，這是愛嗎？」

「我探求人生真理，想要開悟，這是愛嗎？」

「我想念著一個地方，這是愛嗎？」

「我現在所做的事，以及我正在關注的這份關注，這是愛嗎？」

「我討厭被否定，希望被肯定，這是愛嗎？」

「我真的有愛嗎？」

沉靜下來，用一顆敏感的心去反省，那麼我們也許就會開始發現一些內在的轉變，那會是什麼？然後呢？這真的就是不可說的了，所以很抱歉，我不能去回答這個問題，只能讓有心人自己去體驗了。

3 愛不是牽腸掛肚，是讓你不再孤單的覺醒

M：高靈說，我們人，靈與身體是分開的，真正要談修行，是要講靈的部分，身體就像一個殼。當然修行也包括了對身體的覺知和照顧，但「靈」才是屬於那個「管道」裡面的東西。當你有愛的時候，這個管道才會通暢，你才會跟源頭有連結；然後在連結中，慢慢瞭解更多了之後，你才會藉由這個管道回家。有點像……如果再以電腦做比喻，我們現在就像在電腦終端機（螢幕）這頭，而終端機有一條電纜連接到一個更大的處理器，電纜線就像「黑洞」——也就是那條「管道」，處理器就像我們的本質。

大部分人類幾乎把所有注意力都放在終端機這邊，讓這邊變得很沉重。而研究身心靈的人，則是把這條管道當作可能的存在去研究，當你進得去這條管子時，這管子可接到別人的終端機，所以你就可以透過這個管道裡面的愛，作為類似神經傳導物質，與別人交流。愛就像一個解碼器，或是像一把萬能鑰匙，你可以透過這把鑰匙去進入任何人的心，去感覺到別人，這就是所謂的他心通，你是可以瞭解他在想什麼、做什麼的。

但是這些形容或比喻都只是幫助你去瞭解的「影子」，不要把它當作本質。並沒有什麼實體的 USB 或管道之類的，這些只是「語言」，透過語言讓我們了解更多而已。在以前沒有語言的時代，溝通也是可行的，除了肢體語言之外，比較會依靠心電感應去傳達，而這也是可行的，甚至反而比較能夠溝通到精髓。

我們的肉身也像語言文字一樣，把我們框限在此時此地，如果你執著於語言，這跟執著於肉體是一樣的，你就無法心電感應地去瞭解，在語言背後，我們所要傳達的，讓你去心電感應的東西。

所以，如果將我們的種種比喻當作實存的物理架構，想追問這個架構的細節時，反而會愈來愈感覺不到這個心電感應了。當你可以只將這些語言當作是讓你去體會背後要你去心電感應的東西的時候，你就可以超脫你現在的位置。

心電感應是五次元的東西，在這裡面是沒有死亡的，即使一個人肉體死了，你都還是能跟他交流、互動。當你有愛的時候，你就很容易經驗到這些；當你活在恐懼中，就會讓恐懼去淹沒你自己，然後你就覺得很絕望。當然對一般人而言，要打破社會既定的信念是很難很難的，但是我們之所以要講，就是要告訴大家，這樣的一條路徑，確實是有的。人常常被很多自己也不清楚的教條或信念框住，因為大家都是這麼相信的，所以也就覺得，大家都認為的看法就是真的。可是，在人生中有更多新發現的人，反而是在思想上比較天馬行空的人。比如，也許有一個人現在看起來很糟，大多數人覺得他根本無可救藥；然而如果有一個人卻天馬行空地覺得，無論什麼人有一天還是會開悟，因為這麼想，他就會有愛，有愛的話，就更能深入地看見對方的模式，結果真的會發現怎樣去幫助那個人的路徑，而不用活在無力感裡了。

我們在這裡說的「愛」，很需要被瞭解清楚，這不是某種讓自己刻意去表現的道德情操，也不是帶有重量的牽掛或在乎；我們說的愛，是因為自己更不執著於自我，透過「感謝＋反省＝奉獻」所恢復的一種「意識」。在這種意識裡面，甚至你漸漸會清楚看到，這世界就像一場夢境，人們的喜怒哀樂、所有的牽絆與在乎，其實也是一種「自high」——只不過是自己跟自己的設定玩的一種遊戲，這個「愛」會讓你瞭解這些。而瞭解這個世界的夢幻，讓你更回到你的那個「管道」去，結果又使得你心電感應的能力愈來愈強、愈來愈細緻，更清楚地瞭解別人都在想什麼、做什麼，以及他們現在的狀態。在這種意識下的清楚，讓你知道，如果要幫助他們的話，你可以做什麼？或可以做多少？或是需要等待什麼時機？但你也知道，如果不幫助他，就只是看著那個人像一顆行星從你身邊擦身而過，也可以，這些都沒有對錯，因為你就只是看見了一個如是發生的平行宇宙而已。

所以，在覺醒中，平行宇宙就代表著同時存在的感覺，以及你都可以的「都可以」，沒有必須，也沒有批判，這是很超脫的。

世界上存在著無數的爭論，人們覺得自己的更對、更好或更優良……可是如果你能回到那個自己的「管道」，回到那個「宇宙大爆炸」時，你就會知道，這一切都只是訊息而已，一切都不重要，都可以！

4 架構愈完整的系統化知識，讓人迷失愈深

M：《星際效應》這部電影裡面，試圖描述人透過靠近黑洞，也就是進入極大的重力場，而來到了一個時間停止的地方，在那裡，他能知覺到某一刻場景的所有版本。訊息說，如果把這當做一個比喻，用來瞭解時間的相對性，是有幫助的。但如果因此而認為真的有那麼一個「地方」，那麼反而是誤導的，會讓人被「鎖」在這個物理現象，就走不出來了。

「平行宇宙」也是一個比喻，但是當你將其設想成「一片一片的存在」，也就是將其設想為一種實際的物理現象，那就會被這個架構給限制住了，被這個框架給綁架了。事實上只是虛空，並沒有那個「一片一片」。

成：所以，當我們要讓頭腦去瞭解新事情的時候，我們也會把它架構化，讓頭腦去用它來取代舊的架構。可是只要是架構化了，只要經過轉譯，就會有「損失」；也就是，相對於

原始的意境，會產生失真，這個失真也是一種限制，讓你困在這個架構裡面，無法超越。

當我們觸及更大的能量，也就是更高的意識層級時，對於這個更大的自由，我們的頭腦也會本能地將之轉譯為物理性的架構，用新的物理性架構去取代舊的。譬如用平行宇宙的新概念去取代線性時間，但這「平行宇宙」的概念仍然是一種架構，如果相信這個架構「就是」完整無誤地形容那個更高的意識層級所意識到的內容，那就錯了，又讓自己被限制在這個架構，而不瞭解那個「都可以」。

M：對的。然而頭腦去架構化，是不可避免的，當我們有這樣的心理準備時，就能明瞭，所有的語言文字——這些架構化的說法，都只是為了幫助你去「感覺」那個「感覺」，那個「開悟」，而不是要你進入文字所形容的架構去「錨定」那個架構(例如把「平行宇宙」當真成一片片的靜止畫片或是動態的影片，然後又去研究這一片一片放在哪裡之類的問題)。

通靈也是一樣，你要去重視那個原始的感覺，而不是翻譯出來之後的講法或文字。如果急於將原始的感覺壓縮進文字的框架，就會失去那個本來可以提升你的東西，變成又降低到你原先的層次去理解。所以好的通靈者，並不是那種可以講得「很清楚」、「很系統化」的人，而是能夠讓你愈來愈開闊、愈來愈不執著，而最終意識到那個「不可說」的無字天書。這跟禪宗是一樣的，千言萬語，都是在推你去了悟到那個無法限制在語言文字裡的東西；可是如果有人把終極的實相弄成了一套很系統化的東西，讓你信以為真，事實上那就是步入歧途了。

表達能力不好的人，反而能夠留空間給原汁原味的東西，讓你去參究，超越「頭腦」去還原；反而表達能力好的人，都用自己的頭腦去填滿所有模糊地帶，於是吸收了訊息之後，就將它建構了。很多人都能通靈，但是如果他頭腦很強，就會自己把原始的東西圍築起更多失真的架構。

成：可是大部分的人也都想要架構，架構愈完整的東西，感覺愈有可信度，所以也會愈受歡迎，因為頭腦就是想要有一張清晰的地圖。

M：但實際上，宇宙的實相是個無字天書，語言文字的各種架構、說法，它的用途是讓你比之前的你更有開放度。

成：終究，是沒有架構的。

M：我們現在所講的意思，古代的經典也講過了，只是那是文言文，很多人看不懂而已。所以，人要能夠透過語言文字，去了悟到那個原汁原味的東西，不要被語言文字的架構所操控；如果擺脫了操控，你就很容易把很多道理連起來，真正的搞通。搞通以後，你也會看懂不同的族群是受到什麼樣架構的束縛，你也能進入他們的架構，用愛帶領他們去鬆綁，或者是在裡面埋下種子。

啊！現在是我自己的感想啦，想到這四天的訊息要用文字去整理、表達出來，架構成為一本書，也真是一件大工程。

成：不必擔心，並不是一定要把這些東西變成某一種形式出來——例如一本「書」——才行，不出書也行啊，只要我們自己內化了，那麼我們也會不拘各種形式，在生活中向四面八方傳遞出去。

M：對！所以你有沒有發現，本來我會覺得麻煩，要花很多時間去整理這些訊息；可是當你（章成）可以瞭解的時候，這個無字天書的能量就進去你的生命了，你立刻可以跳脫對架構的需要。而這相對於某些人，他們可能要花幾十的歷練才能達成這個瞭解，所以瞬間就好像你突然增加了幾十年的功力了！這就是「時間」等於「能量」。

成：嗯，當我聽懂，我確實就立刻可以跳脫對架構的需要。

M：以前的傳說故事會說，這個仙姑修行了五百年，那個道長修行了一千年，可是你也可以一秒鐘就達到了；這與能量有關，需要的時間不是絕對的，這就是《法華經》要開示的。譬如你之前在演講中說過，現在你下載一部10G的電影，可能要花一、兩個小時；可是如果頻寬更寬，例如荷蘭人利用日本人發展出來的特殊多蕊光纜，已經製作成功一種網路，下載1T的內容只需要0.43毫秒。那要是一百年前的電腦呢？可能要下載一輩子。

成：我想再補充一下，「架構」的問題出在哪呢？這或許是很多人心中的疑問。「架構」就是心裡面有一種「必須」，一旦有這個必須，它就不靈活。

M：這個不靈活所產生的綑綁，就是所謂的「業力」，接著就會形成一種「重力」，然後就會聚集。

成：當你覺得必須要去架構，甚至必須要架構成某種形式，那麼你就必須耗費能量；而這個架構就會再去吸引其他架構進來，疊床架屋，於是你更被框限於這個架構內。

M：我們現在講的這個就是量子力學，科學家正試著用科學的方式去闡釋上述的概念。

成：量子力學確實瓦解了傳統力學的架構（也就是傳統的「頭腦」，或說「心智」），但是它仍然是一個架構，沒有辦法回到那個「無」，因為畢竟是「頭腦」在做著研究工作。

M：如果人類了解這些的話，真的可以憑空創造，就像哆啦 A 夢從口袋裡拿出東西來，只要透過意念就能創造。

5 NEW AGE，就是一個「大家一起上來」的時代

M：哆啦A夢為什麼能從口袋拿出東西來？因為他有很多「背後靈」（笑）。也就是說，在口袋的背後，事實上有很多人在合一中幫他工作的，他們用最快的生產系統和物流系統，造成這樣的神奇。這跟我們現在使用電腦的經驗是一樣的，你在搜尋引擎上打關鍵字，按下搜尋鍵，幾乎不到一秒鐘，好多資訊就被你「拿出來」了；只是我們現在能做到的是在2D的層次，你拿出來的只能是在電腦螢幕中的文字、圖片或影音，而哆啦A夢拿出來的是3D的東西而已。

為什麼你的電腦能夠這樣？不是「你的電腦」行，而是在你所使用的搜尋引擎背後，其實是有非常非常多的人工作產生的結果（包括程式設計者、海底電纜架設者等等），那是一個龐大的合一。相對於古人而言，他們也會覺得，我們現在電腦網路的世界是一種「無限」，對他們而言就像是一個「都可以」。然而我們這個「都可以」只是2D的，在3D以上就不可以了；其實連3D的世界也是「都可以」的，因為這個宇宙的真相就是

「都可以」。

成：然而如果人的內心沒有繼續合一，我們就不會覺知到這更大的「都可以」。如果人類的生活要從搜尋引擎進化到哆啦A夢的四次元口袋，沒有更無私地奉獻，是無法產生如此緊密地互助合作，進而突破物理學、科學、醫療科技等現在的架構，而開展出更不費力的文明的。人類的自私會使得我們建構的社會產生能量的浪費，以及能量的衝突、抵銷（包括心力、智能、天分、勞力等各類領域），所以我們的科技與智慧的提升速度因此而減速，甚至碰到成長的天花板，只能停留在現在的層次，等待盛極而衰的崩毀。

現在這個層級的科技發展所產生的問題（例如M型化、污染、利潤導向、精神緊繃等等），是沒有辦法透過這個層級的人類集體意識去解決的，因為，這個層級的頭腦所發展出來的架構，就會有這個等級的業力模式（能量浪費的模式），於是當業力累積得愈來愈重，到後來就會物極必反，產生動亂與崩壞，把這個架構出來的社會給毀了。雖然只要有人類，就會重建起這個架構，但是因為「頭腦」的等級沒有提升，這個架構建立起來之後，又會繼續同等級的業力模式，又會開始從「平衡期」、「失衡期」，走向「失控期」以及「崩潰期」[註1]。

M：其實這個道理用在個人的生涯上也是一樣的。我們的一生也充滿著許許多多小型的重複，相同的煩惱不斷重複的出現；但每次我們都是靠擺脫一個外在的處境來暫時獲得解決，然而這個擺脫又創造了新的必須，於是我們又陷入了另一個需求的綑綁裡，繼續著換了湯的煩惱與恐懼。

成：所以這又可以回到「感謝＋反省＝奉獻」這個公式了，這個途徑是開啟五次元意識最自然的方式。為什麼要去感謝？感謝使我們去意識到，現在我們享用的一切，不是理所當然的，是好多好多人的貢獻才有我們當下的這一刻，這樣我們也才更願意去反省自己現在的所作所為，讓它能夠成為社會良性循環的一個部分，而這就叫做「奉獻」。有了感謝、反省和奉獻，我們就會有更少的自私，有更多的互相給予，那麼人類才能走向更高次元的文明。這個來自於「心」的自然邏輯「感謝＋反省＝奉獻」，會帶領個人與集體走向更大的開悟。而所謂的 New age，它真正的本意，就是一個「大家一起上來」的時代[註2]。

註

1 請參閱《奉獻》一書（商周出版社）P.36「吸引力法則的四個階段」

2 有關「大家一起上來」的時代，請延伸閱讀《理念崛起》一書（商周出版社）。

ch6 都可以！就是大覺醒

2014 年 3 月 20 日 于台中·草悟道的日常散步

M：從你有意識開始演化到現在的過程，就是一個能量的「爆炸」，但這「爆炸」直到現在，連一秒也不到，連從「0」到「1」的「1」，都還沒到。到了的話，就是叫「神」了，或是叫「開悟」或「神性」都可以，就是到達彼岸了。而這個過程就是「回頭是岸」。

有的人覺得不就只是如此，很簡單！沒錯，一回頭，就上岸了，這發生就像爆炸的那一瞬間，可是有人卻花了幾千幾萬年才回頭。但是就回頭的「覺」來看，這幾千幾萬年也就是那爆炸的一瞬間而已。事實上也沒有「時間」這個東西，時間是個虛相。

不同的「時間」也等於不同的空間，不同的空間也好像是不同的時間。就像看一個網路上的影片，顯示說有五分鐘長，但你卻可以從任何所謂的「時間」點入進去看，或是一瞬間點入下一個你要進去的時間。很多的當下，就像影片一格一格那樣地在那裡跑。

成：就像一個影城同時有十個廳，每個廳正上演著不同的影片，有的影片裡面的故事是十年，有的影片的故事只有三天，也有的影片講了一個長達一世紀的故事。你在不同的廳裡面，進入那個故事，就好像經歷了不同長度的時間。

M：以前我們講過「時間＝能量」，再更上一層樓就是：沒有時間也沒有能量。現在講的就是在這個層次。「回頭是岸」就只是一個爆炸，介於「0」與「1」之間的東西。

（鳥叫蟲鳴）

成：「自我」是一個情境效果，它一直在變，因為只是一個情境效果，所以它也可以消失，就像你正在瀏覽網站的時候，突然把電源拔掉那樣。

M：雖然人看到一部車在動，他覺得是有連續性的，但其實是一個一個的當下，每個當下都不一樣；而當下之間的轉換，就是那個「回頭是岸」，就是那個「大爆炸」。這個爆炸你也可以解釋為能量。以人來講，一個人認為自己活著，就是一個時間的能量一直在跑，這就是「時間＝能量」。

可是當你沒有活在「時間＝能量」，那就是回歸於「神」，到那個「1」的時候，其實就是回到「合一」裡面。人會來投胎，是有那個「念」，一有那個「念」的時候就來投胎了，就有劇本了，就開始進入劇本了。

成：所以「投胎」不是好幾十年前的事，是這個當下發生的事；回去也不是等到怎麼樣以後才發生的事，而是當下發生的事。永遠就只有這個當下，沒有時間。所有的時間都是在這個「沒有時間」裡面。這個「劇本」無論你覺得有多久，還是在那個一念裡面，還是在那個「爆炸」裡面。

M：對。人仰頭看太陽系，乃至於整個星空，覺得這一切似乎演化了很久，而我們只是一顆塵埃；可是就更高的高我而言，這一切就像一個爆炸，連一秒都不到。而我們就是在這一秒不到的時間裡面，感覺到好幾億年。而這就像「夢魘」。

這是一本寫出來人們會完全看不懂，但又會有感覺的書。看的時候自己能夠靜下來反芻，就會有所甦醒。

我在這個訊息的能量中，就完全能夠意會「時間＝能量」這個東西，但因為它已經不是「東西」了，所以才能感覺到這個東西。

成：錄音機交給你拿著，這樣我走路比較好走。

高靈曾說，有的人的回頭是岸，是沒有經過「層次」的，沒有像一般人有一個演化的過程……

M：「回頭是岸」就是從「0」到「1」之間的一個發生。你以前曾說，那中間是無限。確實，如果就時間來說，它可說是無限；但如果把它說成就只是一種叫做「無限」的當下，那其實跟時間是無關的。

成：是的，當自我的效果消失，在那個「覺」當中，是跟時間無關的。

M：回頭是岸就是從「0」到「1」的過程。

成：那麼，現在我們平日在生活、在思考的這個意識……

M：這樣錄得到嗎？

成：錄得到，很清楚。如果我們一直在處理各種事物，譬如看電視，或是想著人間的各種追求，我們是沒有辦法「回頭」的啊！

M：有啊！當你有意識到：「ㄟ，你正在看電視！」這個就是「回頭」。所以整個「回頭是岸」的意義，就是當下的「覺」。

（廣告車喇叭：感恩大回饋……美國時尚先驅，創意生活新花樣……）

成：也有人稱作「回光反照」。

M：就好像有人看一個字，看久了之後，有一刻會突然不認識這個字，回到那個不知道它是什麼意思、甚至不知道它是字的狀態。

成：是認知解構掉了，回到認知之前的覺知狀態。「認知」與「覺知」是不一樣的。「認知」是經過頭腦思辨的過程，比如你說「那是一朵花」，這是「認知」，可是你第一次遇到一朵花，那就只是一個當下的變化而已。並且也不會有「我在看一朵花」的思想，這也是認知。

M：你講話的時候，我的腳拐了一下，我的腳就立刻有一個反應，然後就平衡回來，這種反射動作，就有點像我們現在在說的意思。當腳拐了一下時，你是沒有頭腦說：「我要怎樣怎樣站起來……」只是一個反射神經的動作。

成：人其實是要回到這裡的嗎？所有頭腦的「認知」，其實是可以不必要的嗎？只要在這個「覺」的本能裡就可以了？可以這麼說嗎？

M：我清楚你的問題，可是不清楚答案。

祂說，嚴格說起來，就是「都可以」。反正你要說什麼，就是「都可以」！

你要怎麼說，祂的回答不是「都不是」，而是「都可以」。這個「都可以」，就是一種全然的愛。

那我就想：殺人呢？祂說：都可以。沒有批判，沒有道德，它就只是個發生。

成：你覺得有個人被殺，那也是「認知」，那是你的設定。

（靜默）

成：這個層次，已經不是「感謝＋反省＝奉獻」的那個層次了。

M：這又是更高的層次。

成：很早已前我所領悟的，就是這個層次了，但後來又在人間走了一遭。

M：因為那就是要寫給人間看的書啊！現在講的不是人間的東西。

成：但我也可以不做這些人間的事啊！真的也沒有說一定要啊！

M：是啊。

（路人：我覺得兩邊都要走啊……）

M：不知道他們在測量什麼……這邊的樹要遭殃了。

（路人：兩邊都拆了……）

成：但是如果自己有「念」的時候，就要就這個念去修「瞭解」，去修那個「都可以」。

M：真正的「都可以」，對人會有很大的釋放。本身有資質的人，他不用修「感謝＋反省＝奉獻」，他……

（風聲蓋過一切）

成：你看（路邊）這個開花了！

M：像六祖惠能，他只是在廚房裡面，沒有人家那些修行的外相，就能開悟呢！他就是有那個資質。不是你修行多久所以就「該」有多少「積分」或比人家好，有的人只是一個清道夫或在廚房煮飯的，他也不聰慧，卻透過一顆石頭就開悟了。就像這石頭儲存了很龐大的訊息和能量，因為這人的結構可以被輸入，一瞬間他就全有了。

成：好像金庸小說裡面的段譽，一下子被灌進別人數十載的內力。

M：但不一樣的是，不一定要有那個底子。就好像大家都是一台CD Player，只是這個人剛好被放進一片記載了某些訊息的CD，他就變成突然會了。可是如果CD拿走，他就又空掉了，就是「1」跟「0」的意思。

成：所以克里希納穆提說：「真理是無路可循的國度。」

M：他剛好說反了，真理是什麼都可以的國度。

成：就是因為「什麼都可以」，所以才無路可循。

M：不一樣，「無路可循」是沒有道路可以讓你去追尋，「什麼都可以」是什麼路都可以去追尋的，這兩個是不一樣的。但是……「都可以」啦！

成：對嘛！我就這意思，幹嘛說它們不一樣。

18:00

（行經市民廣場，風太大，第一次打開遮陽的新雨傘開花、折斷了……）

成：「都可以」就是說，如果一個人想體驗被車撞死的感覺的話，看到一輛車，立刻衝上去撞死也是可以的。

M：這功課是給很高階的人做的，可是一般人的話，他聽到這個會混亂，會失控。

成：當然啊！一般人做事是有動機的。

M：來遛狗啊，哈哈……

（遇到附近餐廳的大老闆）

老闆：天氣好出來走走啊？

成：對啊！不過每天都有來走。

M：對啊！常在走。

成：只是時間不一定。

（M想摸狗，狗撇過身去）

老闆：哈哈哈……

成：牠跟你不熟啦！

M：有啦！上次摸過。

成：牠忘記你了。

老闆：現在家裡又有一隻小的狗，無形中這隻就知道自己大了，變成熟了，不然牠一直都以為自己很小，哈……

M：好，我們繼續走……

成：掰掰！

成：譬如說，剛剛我們在跟他說話的時候，假設我自己有一個設定，有我想要發展的、想要去的地方。然後我看到他，心裡頭就起了一個念：「他是一個大老闆。」一旦這樣開展出去，你可以在這個設定裡面運作幾千幾萬年；然而幾千幾萬年的故事無論如何演，都還在這個設定裡面，也就是說，還在這「一念」裡面。這個念消失的話，你可以不用歷經這幾千幾萬年。你要看這場電影的話，它就可以一直演，但其實就是新瓶裝舊酒，沒有什麼是新的梗。

M：對。離開這個「念」時，也可以：一見到對方，是一拳下去，用來打招呼。

成：人在人生裡做很多事的時候，內心都有那個「設定」——那個欲望。在那個欲望裡面，不管經歷什麼物換星移，就只是在輪迴。今天就算達到了你所謂的功成名就，因為還在那個設定裡面，你就還會繼續發展，演個幾千幾萬年，不會停下來的。你若是要玩，是玩不完的，你也可以立刻不玩。但那些玩不完的人，其實是在裡面自苦。自己在想像那個匱乏、自己在想像那個快感，如此自苦。

當我看到他的一瞬間，我看到自己「他是一個大老闆」的那一念，然後我就看到了那一念裡面完整的內涵，就是那個可以無止盡開展出去的輪迴。

M：我剛剛看到他，卻沒有意識到這個。可是你說對了，因為他是老闆，潛意識有這個想法，我才會理他，跟他講那麼多話。潛意識有這個念，才推動了我比只是點個頭更多的動作；如果對方是一般人，我就可能只是點個頭走過去。所以我就是在「做『老闆』這個功課」的整個輪迴裡面。

成：對，一個人如果沒有意識到自己基本的「那一念」，那麼你就會在這個輪迴故事裡面，慢慢去瞭解到這個設定的苦。

M：所以所謂的「回頭是岸」就是：你看到了這個念，然後突然醒了，就去給那個人搥一拳，或扁他一下打招呼！

成：這跟他無關吧！他多無辜！

M：當然，我是說，你的心境就可以有這樣的自由和開心。你是喜悅的，而不是「禮貌」的，那個「禮貌」裡面有劇本，那個搥一拳反而沒有。像南部人很純真的打招呼方式，有時候是看到好久不見朋友居然會說：「喔！你還沒死啊！」

成：那什麼是「時間＝能量」？

M：被朋友說「你還沒死啊」卻知道這是在問候，那就是「時間＝能量」。當彼此都有同樣的語彙時，能量就能流動。彼此可以意會的流動，就是時間，也等於是這個能量。

成：我們有相同的設定……

M：才會靠（吸引）在一起。

成：才會有相處在一起的「時間」，哈哈！簡單說就是這樣。

M：譬如我們都知道有「郭台銘」，可是我們沒有真正跟他有過「時間」。

成：對對對，你要有跟他同樣的設定，才會跟他有相遇的「時間」。而這個能量就是你們之間的流動。

M：像我們跟花捲（已過世的寵物貓），雖然是不同的物種，但我們有給彼此認識瞭解的機會，這裡面就有累積，累積出來就是一種能量。我們回家時花捲就會來迎接，我們門一打開也會認為這是「我們的貓」，這個就是「時間＝能量」。

你有留時間在牠上面，這個「留時間」就是「留能量」；你有跟牠在互動，這個能量本身就時間的向度來講，就是「有花時間」。但那是因為用了「時間觀念」，才「有時間的」，本來就只是能量的互動。以地球來講，因為有用「時間」這種刻度去計算，就變成說要「花時間」，其實是沒有時間的。

可是你看喔，我們要跳開這個了。一台電腦本來是空的，可是你只要插上一個充滿程式的面板，面板一進去，它就什麼都「有了」。未來的小孩子一生出來就會玩電腦，這個載體（小孩子）也可以升級成這樣的。

（走進了室內空間）

成：以前我們講「時間＝能量」時，是說，過去的人可能是花一百年才發展出來的技能，現在的人一進來就能夠學會、應用。

M：有的孩子三、四歲就是鋼琴神童了，同樣的技術水準，他並不需要十幾年才能學會。

33:29

像我們現在會覺得，一天的時間過得很快，那是因為我們的腦子在加速的運轉，我們現在一個早上做的事情可能就是古時候的人一個星期的量，所以我們會覺得時間過得很快。其實地球在轉的速率都一樣，可是我們運作的速度這麼快，如果又沒有運作好，就比以前的人更容易當機、出現問題。為何現代人有更多憂鬱症，就是這樣的原因。

成：系統容易出現 bug，出現衝突。

不過還是那句話，要留在一個念頭、一個設定裡面，那就可以像連續劇一樣無止盡的演下去。可是如果跳出這個設定，這個無止盡也可以一瞬間全部消失。

M：「想望」這個詞改成「想妄」，在這個妄想裡面，就是無止盡的惡夢。當你看別人，即便是如電光石火一閃而過，除了看到之外，如果還有其他的「念」，就是還有其他的觸發、其他的想法。比如你看到一顆綠色的植物，你覺得好美、好漂亮，那是在做惡夢；

但如果你有往自己內在看的話，那就變成了「都可以」。

為什麼看到一棵植物，覺得好美也是惡夢呢？古人比較優雅，就只說這也是「夢」，但夢就是不真實的，夢就不是真相，只要你待在這夢中，你就會在輪迴裡面，而在這裡面是會受苦的，而且這個苦沒有辦法結束。那真相是什麼？真相就是「都可以」。

所以從內心凹進去的，才是真正的開展；只要從五官向外看出去的東西，全部都不是自由。只有從內在看進去，從靈魂來的地方、從這個點穿越，那個才是自由。

現在的人如果往內看，意識到那個「都可以」，都會覺得很可怕，會憂鬱，所以他們不願意往內看。往內看就好像要摒棄外在世界的東西了，會衝突，所以他就不要，反而若是敢穿越過這種衝突，才會脫離輪迴。如果往外看，覺得好留戀這個世界喔，這個好美、那個也好好喔，那就只好繼續輪迴。

因為人有自我，當他看到「都可以」，就會覺得那「沒有我了」，就會很害怕；其實，當你進去那個「都可以」，被殺、被剮、下油鍋都可以，那反而是天堂了，那就是自由了。

成：所以，如果往外看，任何來自於「我」的分辨，都會是個惡夢。如果你覺得什麼美，你就會不要醜，那你就會在那個不要醜的「不要」中受苦、追逐與被追逐，這就是活在持續的二元對立中。

M：對。當你從外相去看的話，你就看到有你有我；可是如果你看進內在，看到那個「都可以」的話，就沒有分你我了。當你向外看，你總是有一個「我」在「看東西」，這就是二元對立；你往內看的話，就只有「我」跟那個「沒有我」。或是這麼說吧，你往內看的話，就連你都沒有了，就只有跟自然一切的融入。

用一個比喻來解釋，如果你往外看，就會看到別人和自己的對照；但是如果把所有的別人移除，除非拿個鏡子照，否則你也看不到自己。所以一隻狗如果沒有鏡子，他往外看時，也會以為他跟你長得一樣，除非你拿個鏡子讓牠看到自己的樣子，才會發現牠怎麼長得跟你不一樣。

成：這有點像是：假如你一直生活在都市裡面，你就會一直有「我」，因為你會一直跟別人對照；可是如果你跑到深山，你漸漸就開始挖鼻孔啊、想怎麼做就怎麼做，然後都市的那個「你」就沒有了，而你呈現出來的只是那個自然。

M：所以愈在都市，人的自我愈大。有些人說，他們要出來做一些事，要來照顧大家，其實那都是更深的控制，那是在控制別人。

成：我們如果把這東西寫出來，會讓很多人系統混亂。

M：譬如有些人就會說，既然這樣，那我就殺人放火也都可以了。所以這是「無字真經」，不能寫的東西。

成：那我就不會想要公諸於世了，因為一般人的自我，會去擷取自己想要的部分，為自己的想妄而合理化。

M：這就是為什麼，走入靈修的人，很多都變得更狂妄，古人所謂的「狂禪」。

成：有些人喜歡看那種所謂「最究竟」的說法，或者是自己也摸到了一點點體悟，他們想在其中證明自己，自我就變得反而更膨脹。

M：他們反而愈來愈迷失了，在惡夢中愈陷愈深。所以《零極限》為什麼會那麼賣呢？因為他們擔心不順遂或是做了壞事，就想到有這個方法可以清理，這樣恐懼感就會稍微緩解；事實上，那個恐懼感是被累積在更深的地方，等待著有一天崩潰的那一刻。

成：剛剛我們講的「向內看」，我有簡單的話可以解釋了，就是停止比較和批判。這就像我們現在在談話的狀況一樣，我們沒有什麼顧忌，也沒有想要透過講話去達成什麼，也沒有「對」或「錯」，就好像風吹來了，樹枝就會自然跟著擺動。如果樹枝有在「向外看」的話，它就會想說：「我要怎麼搖擺會比較好看？」哈哈！你知道它會在那裡用力，於是它就會有「功課」，如果不做功課，就會一直在這個思考層次輪迴，這就是「向外看」。

M：高靈說，這些文字還是可以出版，就把我們所有談話都呈現出來，打成文字就可以出版了。別人看得懂或看不懂，都可以。別人要做什麼解釋，都可以。有哪家出版社要出就給他出，都可以。不出版，也都可以。

狂禪與禪之間，就只有一念之隔。狂禪的人也會講「都可以」，但是你就可以明顯感覺到裡面有「我」。所以一定會有人看到這本書之後，變得更壞的，不過那就是在加速他本來就在做的功課，也可以啦！

有些人就是這麼貢高我慢，你寫打高空的東西，他明明也拿不到，但是他就很有興趣、很想鑽研；可是你為他著想，寫循循善誘、從人間漸漸提升的書，他就覺得老生常談，沒什麼興趣。

成：哈！煙火總是比較迷人嘛！這樣自己也可以想像，自己真的會一秒變格格了……你現在幹嗎拿車鑰匙？我們不是要走路去吃飯嗎？

M：已經習慣了……

成：哈哈哈哈……

〈後語〉

修行就是要讓別人忘記你

M：修行是什麼？總歸一句話，修行就是要讓別人可以忘記你，你的好、你的壞都可以忘掉。

成：但我們既然寫了書，名字就在書上面了喔。

M：那沒關係，我們的本意是：書留給大家去看就好了。

成：哈哈，只把書留給你，不是把「我」留給你。

M：如果心態是：我有很多東西可以留給你喔！那就是有「我」在裡面了，想要別人記住你。但這不是我們要的，我們只是把這些書留給有緣的人，有天我們走了，他們自己去看書就好了。

當初我們離開無鄰菴（自己在都蘭山上建的民宿）時，我們覺得未來的生活用不到那些東西，就無論貴重與否，全留在山上讓想用的人去用，我們既沒有損失感，也毫無掛礙地走了。在那件事情上，我們是「開悟」的。雖然我們自己很平常心，覺得很簡單，但是同樣的事情，有的人可能要重複個好幾世在修同樣的功課，明明應該走向下一個階段了，他就是要在裡面計較、看不開和不甘心。

然而，想像一個上升拋物線，大部分人都還在拋物線的底部，以龜速前進；有的人則已在拋物線的揚升部分，速度正非常地快。雖然也許在這個點上，你會看到有人很快、有人很慢，有人已經在很高的位置，有人還在底下，可是當在底下的人也來到拋物線揚升階段的時候，過去的那些緩慢就愈來愈不重要了。而這還是因為我們活在時間裡，才會覺得有先後、有快慢，否則真的「到了」的時候，你會發現，就好像只是才眨個眼睛，「哈，你也來了！」別人也到了，大家都是平等的，同時生同時滅，過去的幾萬年、幾億年，其實連一個瞬間都不到。

我們人都是平等的，所以當你現在先走一步，有人在哭哭啼啼的時候，你也知道，其實你們等一下就相見了，不用擔心，別急。當然，如果以地球層次的感覺，這「別急」可能真的就是一億年。但是當你到了那個「開悟」時，你不會有時間感，就好像一瞬間對方也到了。

成：就像：當你從夢裡面醒來，夢裡面的時間就統統不算數了。

國家圖書館出版品預行編目資料

都可以，就是大覺醒：開啟你的量子智慧，打破肉身局限，踏入大開悟的華嚴世界 / 章成，M.FAN 合著. -- 二版. -- 臺北市：商周出版：家庭傳媒城邦分公司發行，2021.01
面； 公分

ISBN 978-986-477-974-1（精裝）

1. 靈修

192.1　　109020747

都可以，就是大覺醒

開啟你的量子智慧，打破肉身局限，踏入大開悟的華嚴世界

作　　者／章成、M.FAN
企畫選書人／徐藍萍
責任編輯／徐藍萍

版　　權／黃淑敏、翁靜如、吳亭儀
行銷業務／周佑潔、王瑜
總 編 輯／徐藍萍
總 經 理／彭之琬
事業群總經理／黃淑貞
發 行 人／何飛鵬
法律顧問／元禾法律事務所 王子文律師
出　　版／商周出版
台北市104民生東路二段141號9樓
電話：(02) 25007008　傳真：(02)25007759
E-mail：ct-bwp@cite.com.tw　Blog：http://bmp25007008.pixnet.net/blog
發　　行／英屬蓋曼群島商家庭傳媒股份有限公司 城邦分公司
台北市中山區民生東路二段141號2樓
書虫客服服務專線：02-25007718；25007719
24小時傳真專線：02-25001990；25001991
服務時間：週一至週五上午 09:30-12:00；下午 13:30-17:00
劃撥帳號：19863813；戶名：書虫股份有限公司
讀者服務信箱：service@readingclub.com.tw
香港發行所／城邦（香港）出版集團有限公司
香港灣仔駱克道193號東超商業中心1樓；E-mail：hkcite@biznetvigator.com
電話：(852) 25086231　傳真：(852) 25789337
馬新發行所／城邦（馬新）出版集團 Cite (M) Sdn. Bhd.
41, Jalan Radin Anum, Bandar Baru Sri Petaling, 57000 Kuala Lumpur, Malaysia.
Tel: (603) 90578822　Fax: (603) 90576622　Email: cite@cite.com.my

封面設計／張燕儀
排　　版／極翔企業有限公司
印　　刷／卡樂彩色製版印刷有限公司
總 經 銷／聯合發行股份有限公司　新北市231新店區寶橋路235巷6弄6號2樓
電話：(02) 2917-8022　傳真：(02) 2911-0053

■2014年5月5日初版（平裝）
■2021年1月5日二版（精裝）
■2022年11月7日二版3刷（精裝）

Printed in Taiwan

定380元

城邦讀書花園
www.cite.com.tw

 ISBN ISBN 978-986-477-974-1

⊙ 傳訊者介紹

章成

靈修導師，資深廣播人，三屆金鐘獎得主。首位受邀於中國銷售第一女性時尚雜誌《悅己SELF》，開闢人生智慧專欄的台灣靈性作家，連載三年半，大受好評。長年樸素禪修，創辦「心的智慧」課程，及「一對一高層意識通靈諮詢」等，教學風格通解靈性和生活語言，讓學生容易地體會關鍵道理，輕鬆、明亮的修習。

著作：《心經》、《地藏經》、《人生最有價值的事，是發現自己在重複》、《都可以，就是大覺醒》、《理念崛起》、《回家》、《奉獻》、《神性自在》、《與佛對話》（以上均為商周出版），《不失去快樂的秘密》、《你就是幸福的源頭》（以上均為天下文化），《絕望中遇見梅爾達》（方智），《一生，至少該有一次說走就走》（我們）、《大自然健康密碼CD》（風潮唱片）。

M・FAN

室內設計師，《心經》、《地藏經》、《都可以，就是大覺醒》、《理念崛起》、《回家》、《奉獻》、《與佛對話》共同著作人。

部落格：章成的好世界

FB 粉絲頁：章成

心存善念
福氣綿延